쉽게 익혀서 바로 써먹기

# 말하는 영어

쉽게 익혀서 바로 써먹기
# 말하는 영어

**초판 1쇄 발행** 2020년 9월 28일

**지은이** 황창용
**펴낸이** 장현수
**펴낸곳** 메이킹북스
**출판등록** 제 2019-000010호

**디자인** 안영민
**편집** 안영인
**교정** 김시온
**마케팅** 오현경

**주소** 서울특별시 금천구 가산디지털1로 142, 312호
**전화** 02-2135-5086
**팩스** 02-2135-5087
**이메일** making_books@naver.com
**홈페이지** www.makingbooks.co.kr

ISBN 979-11-91014-16-7(13740)
값 18,000원

ⓒ 황창용 2020 Printed in Korea

잘못된 책은 구입하신 곳에서 바꾸어 드립니다.
이 책의 전부 또는 일부 내용을 재사용하려면 사전에 저작권자와 펴낸곳의 동의를 받아야 합니다.

이 도서의 국립중앙도서관 출판예정도서목록(CIP)은 서지정보유통지원시스템
홈페이지(http://seoji.nl.go.kr)와 국가자료공동목록시스템(http://www.nl.go.kr/kolisnet)에서
이용하실 수 있습니다. (CIP제어번호 : CIP2020039945)

홈페이지 바로가기

### 쉽게 익혀서 바로 써먹기

# 말하는 영어

황창용 지음

**일상 생활에서 매일같이 쓰는 현재, 과거 그리고 미래를 표현하는 패턴과 여기에 의견과 감정 그리고 요청 등을 표현하는 압축된 패턴과 각 패턴별로 같은 상황을 다르게 표현할 수 있는 5가지 문장을 완전히 숙지한다.**

**많지 않습니다. 이 50개 정도의 패턴을 언제 어디서나 바로 입에서 나올 수 있도록 완전히 내 것으로 만들어 보세요.**

**영어 회화, 반드시 됩니다.**

메이킹북스

# CONTENTS

프롤로그 / 6

## Part 1. PATTERNS 문형 연구

1. ~(해) 줄래요? (요청) / 12
2. ~있나요? (유무 확인) / 18
3. ~하니?/이니? (현재와 현재진행) / 24
4. ~했니? (과거) / 30
5. ~할 거니? (미래) / 36
6. ~해도 될까요? / 어떻게 ~하는지 (물음) / 42
7. ~하지 마 (명령) / 48
8. ~해야 해 (제안) / 54
9. ~한 것 같아 (느낌, 감정) / 62
10. 같이 ~할까요? (제안) / 68
11. 내 생각, 내 의견 (의견 표명) / 74

▶ 요청이나 의견 등을 말해야 하는 11가지 상황을 가정하여 자신을 표현하는 56개의 패턴을 통해 미국 혹은 영국 사람과 편하게 대화해 봅시다.

# Part 2. Grammar Script (영문법 훑어보기)

| | |
|---|---|
| I. 동사 | / 82 |
| II. 시제 | / 90 |
| III. 의문문 | / 96 |
| IV. 부정문 | / 102 |
| V. 가정법 | / 106 |
| VI. 형용사 | / 110 |
| VII. 분사 & 수동태 | / 114 |
| VIII. 부사 | / 119 |
| VIII-1. 관계부사 | / 112 |
| IX. 전치사 | / 124 |
| X. 명사 | / 131 |
| XI. 관사 | / 138 |
| XII. 문장구조 | / 143 |
| XII-1. 구 & 절 | / 148 |
| XII-2. 문장부호 | / 153 |

▶ 영어권 국민도 영어 자체나 영문학을 전공하지 않으면, 영문법을 이보다 많이 공부하지는 않아요.

# [프롤로그]

쉽게 익혀 바로 써먹는 영어.
영어, 겁내지 말고 오늘 시작해서 내일부터 써먹어 봅시다.
아래 삼 원칙이면 됩니다.

*1.* 한 문장만이라도 머리가 아닌 입으로 바로 나올 수 있도록 반복 학습한다.

*2.* 현지에서 매일같이 쓰는 전형적인 패턴 10가지만 아주 입에 짝 달라붙도록 완전히 내 것으로 만든다.

*3.* 들을 수 없으면 말할 수도 없다. 다양한 영어 매체에 내 귀를 최대한 자주 노출시킨다.

일상생활에서 매일같이 쓰는 현재, 과거 그리고 미래를 표현하는 패턴과 거기에 의견과 감정 그리고 요청 등을 표현하는 압축된 패턴, 그리고 각 패턴별로 같은 상황을 다르게 표현할 수 있는 5가지 문장을 완전히 숙지한다.

많지 않습니다. 이 50개 정도의 패턴을 언제 어디서나 바로 입에서 나올 수 있도록 완전히 내 것으로 만들어 보세요. 영어 회화, 반드시 됩니다.

저자는 LG 및 삼성에서 다년간 영어권 국가 엔지니어와 함께 근무하였고, 세계 각국에 지점을 두고 첨단 제품을 개발 및 판매하는 오랜 역사의 독일 회사에서 마케팅 업무를 하며, 대한민국 사람들이 막대한 투자 대비 영어 말하기에 취약한 것을 너무나 많이 보아 왔습니다. 더욱이 현재는 미국에 개인 사업과 부동산 투자 회사를 운영하는데, 다년간 미국에 거주하면서도 영어로 말하는 데 어려움을 겪고 계신 한인 분들, 특히 어르신 분들을 위하여 쉽게 배우고 바로 써먹을 수 있는 영어책을 체계적으로 압축하여 펴냈습니다.

### English 미국 거지도 영어를 참 잘합니다.

물론 고급 영어는 아닐지 모르지만. 그런데, 왜 이렇게 우리 한국 사람들은 어린아이부터 성인에 이르기까지 영어를 배우는 데 엄청난 돈과 에너지를 투자해 왔고 지금도 투자를 아끼지 않는데도 그 결과가 미흡할까요?

### Why? 문제가 뭘까요?

영어를 구사하시고자 한다면, 먼저 문법적으로 접근하고자 하지 마세요. 다음으로는 어휘의 뜻만을 반복해서 암기하지 마세요. 일정 시간이 지나면 다시 원위치가 됩니다. 물론 일부 단어는 기억에 남겠지만 영어를 구사하는 것과는 점점 거리가 멀어지고 영어에 지쳐 버릴 것입니다. 이러한 점들이 이제까지 우리가 실패한 원인이라고 말할 수 있습니다.

**How?** 자, 그러면 어떻게 접근해야 할까요?

단어는 문장 속에서 익혀야 합니다. 가능하다면 처음부터 눈, 귀, 입으로 동시에 그리고 더 나아가 실생활에서 자주 사용하는 예문을 통해서 익혀야 영어를 실제로 구사하실 수 있게 됩니다.

단 한 문장만이라도 정확하게 구사하실 수 있다면 당신은 이미 유창한 영어를 할 수 있는 충분한 준비가 된 것입니다.

**Tip**

실생활에서 자주 사용하는 문장 100개만이라도 자유롭게 구사할 수 있는 사람이 10,000개 단어의 뜻을 아는 사람보다 영어를 잘합니다. 이제 단어의 뜻만을 익히는 학습법은 그만두세요. 문장을 익혀야 합니다. 문장을 익혀 나가다 보면 어느새 문법도 저절로 감이 오게 됩니다. 이때 자기에게 맞는 문법책을 선택해서 문법을 술술 훑어보면 됩니다. 절대로 문법책부터 사서 영어 공부를 시작하려고 폼 잡지 마세요. 얼마 못 가서 지치게 됩니다. 문장 속에서, 그것도 실생활에 꼭 필요한 문장으로 영어를 공부하실 수 있도록 쉽게 배워 바로 써먹는 영어를 곁에 두고 보시기 바랍니다.

### 블로그 주소

https://blog.naver.com/edwardbest

위 블로그의 '말하는 영어'를 주 내용으로 하고, '영문법 훑어보기'를 부록으로 하여 책을 펴내고자 합니다. 너무 압축하고 구조적으로 정리하다 보니 내용이 빈약해 보이시겠지만 귀사의 도움으로 영어를 학문적이 아닌 소통을 위한 도구로 쉽게 익혀 바로 써먹고자 하시는 분들을 위해 부족하지만 제안 드립니다. 그리고 학습을 위한 동영상은 위 블로그에 공개되어 있습니다.

# Part 1.
# PATTERNS
# 문형 연구

# Part 1.
## PATTERNS 문형 연구

### 1. ~(해) 줄래요? (요청)
### Five patterns of the total Fifty Six

▶ , please

▶ Can(May) I have ~?

▶ Let me have(know) ~.

▶ Could you give(tell/show) me ~?

▶ Would you please 동사원형 ~?

## ▶ , please

1) Ice water, please.

2) Medium rare, please.

3) A little smaller one, please.

4) Go ahead, please.

5) On the double, please.

---

1) 얼음물 좀 줄래요.

2) 중간 익힘으로 해 줄래요.

3) 더 작은 것 좀 줄래요.

4) 계속 진행해 줄래요.

5) 좀 서둘러 줄래요.

▶ **Can(May) I have ~?**

---

1) Can I have ice water?

2) Can I have a refund?

3) Can I have a rain check?

4) Can I have this delivered?

5) Can I have a talk with you over some coffee?

---

1) 얼음물 좀 줄래요?

2) 환불 좀 해 줄래요?

3) 다음에 다시 하게 해 줄래요?
   (다음으로 미루면 안 될까요?)

4) 배달 좀 해 줄래요?

5) 커피 한잔하면서 얘기 좀 나눠 줄래요?

## ▶ Let me have(know) ~.

1) Let me have some coke.

2) Let me have the first one.

3) Let me have your advice.

4) Let me know if anything happens.

5) Let me know when you can spare your time.

1) 콜라 주세요.

2) 첫 번째 걸로 주세요.

3) 충고 좀 해 주세요.

4) 무슨 일이 생기면 나한테 알려 주세요.

5) 시간 좀 낼 수 있으면 연락 주세요.

### ▶ Could you give(tell/show) me ~?
(Could는 can의 과거지만 여기서는 공손한 요청을 나타내는 조동사)

1) Could you give me a hand?

2) Could you tell me why?

3) Could you tell me how to spell your name?

4) Could you tell me how to get there?

5) Could you show me how to operate this one?


1) 좀 도와줄래요?

2) 이유를 알려 줄래요?

3) 이름의 철자가 어떻게 되는지 좀 알려 줄래요?

4) 그곳에 어떻게 갈 수 있는지 좀 알려 줄래요?

5) 이것은 어떻게 작동하는 건지 좀 알려 줄래요?

## ▶ Would you please 동사원형 ~?
(Would는 will의 과거지만 여기서는 공손한 요청을 나타내는 조동사)

1) Would you please bring us an extra chair?

2) Would you please clean up the dining table?

3) Would you please keep this one for me?

4) Would you please come to work a little early tomorrow?

5) Would you kindly share some of your time to review this one?

---

1) 의자 하나만 더 갖다줄래요?

2) 식탁 좀 치워 줄래요?

3) 이것 좀 보관해 줄래요?

4) 내일 조금 일찍 일하러 나와 줄래요?

5) 이것을 검토하게 시간 좀 내줄래요?

Part 1.
PATTERNS 문형 연구

## 2. ~있나요? (유무 확인)

▶ Is there ~?

▶ Do you have ~?

▶ I'm looking for ~.

▶ Could you tell me where something is(are) ~?

▶ Would you let me know where something is(are) ~?

### ▶ Is there ~?

1) Is there a lunch break?

2) Is there anything bigger than this one?

3) Is there something you wanna ask to me?

4) Is there anyone who can speak Korean?

5) Is there any chance she's going to pass the exam?

---

1) 점심시간은 따로 있나요?

2) 이것보다 좀 더 큰 다른 것이 있나요?

3) 내게 뭐 물어볼 거 있나요?

4) 한국어를 할 수 있는 사람이 있나요?

5) 그녀가 시험을 통과할 가능성이 있나요?

▶ **Do you have ~?**

1) Do you have a table for three?

2) Do you have any extra seats?

3) Do you have anything else to order?

4) Do you have anything particular in mind?

5) Do you have something good for my kids?

1) 세 명이 앉을 자리가 있나요?

2) 여분의 자리가 있나요?

3) 추가로 주문할 것이 있나요?

4) 특별히 생각하고 계신 것이 있나요?

5) 아이들에게 좋은 것이 좀 있나요?

▶ **I'm looking for ~.**

1) I'm looking for my glasses. Are they here?

2) I'm looking for my sister. Do you know where she is?

3) I'm looking for something better. Do you have a better one?

4) I'm looking for a family restaurant. Can you recommend one?

5) I'm looking for a faucet to fix my kitchen. Is it here?


1) 내 안경을 찾고 있어요. 여기 있나요?

2) 내 여동생을 찾고 있어요. 어디 있는지 아시나요?

3) 좀 더 나은 것을 찾고 있어요. 더 나은 것이 있나요?

4) 패밀리 식당을 찾고 있어요. 한 군데 추천해 주실 수 있나요?

5) 부엌용 수도꼭지를 찾고 있어요. 여기 있나요?

## ▶ Could you tell me where something is(are) ~?
(Could는 can의 과거지만 여기서는 공손한 요청을 나타내는 조동사)

1) Could you tell me where my key chain is?

2) Could you tell me where my daddy is?

3) Could you tell me where something to drink is?

4) Could you tell me where a drive-thru restaurant is?

5) Could you tell me where light bulbs are?

---

1) 내 열쇠 꾸러미는 어디에 있나요?

2) 우리 아빠는 어디에 계시나요?

3) 마실 게 어디에 있나요?

4) 드라이브스루 식당이 어디에 있나요?

5) 백열전구가 어디에 있나요?

## ▶ Would you let me know where something is(are) ~?
(Would는 will의 과거지만 여기서는 공손한 요청을 나타내는 조동사)

1) Would you let me know where my gloves are?

2) Would you let me know where a drive-thru cleaners is?

3) Would you let me know where a water fountain is?

4) Would you let me know where a postoffice is?

5) Would you let me know where a paper towel is?


1) 내 장갑이 어디 있는지 좀 알려 주시겠습니까?

2) 드라이브스루 세탁소가 어디 있는지 알려 주시겠습니까?

3) 식수대가 어디 있는지 좀 알려 주시겠습니까?

4) 우체국이 어디에 있는지 좀 알려 주시겠습니까?

5) 종이 수건이 어디 있는지 좀 알려 주시겠습니까?

Part 1.
PATTERNS 문형 연구

## 3. ~하니?/이니? (현재와 현재진행)

▶ Are you doing ~?

▶ Are you 형용사 ~?

▶ Do you 동사원형 ~?

▶ What are you 동사진행(~ing)형 ~?

▶ Which one do you prefer(like)/want ~?

▶ **Are you doing ~?**

1) Are you getting better now?

2) Are you doing your homework?

3) Are you waiting for your mom?

4) Are you kidding me now?

5) Are you trying to dump me now?

1) 이제 좀 나아지고 있니?

2) 너 숙제하고 있니?

3) 엄마를 기다리고 있니?

4) 너 지금 나 놀리는 거니?

5) 너 지금 나 차려고 하니?

▶ **Are you** 형용사 ~?

1) Are you okay? You look tired.

2) Are you ready to go to school, James?

3) Are you two close?

4) Are you sure you're ready to leave now?

5) Are you interested in what I'm saying?

---

1) 너 괜찮니? 피곤해 보여.

2) 제임스, 학교 갈 준비됐니?

3) 너희 둘 가까운 사이니?

4) 너 정말 떠날 준비됐니?

5) 내가 지금 말하는   에 관심 있니?

▶ **Do you 동사원형 ~?**

1) Do you know where he is?

2) Do you think she got married?

3) Do you have something to show me?

4) Do you work out these days?

5) Do you get along well with your classmates?


1) 그 사람이 어디 있는지 아니?

2) 그 여자가 결혼한 것으로 보이니?

3) 나에게 보여 줄 것이 좀 있니?

4) 너 요즘 운동하니?

5) 너 반 친구들하고 잘 지내니?

▶ **What are you 동사진행(~ing)형 ~?**

1) What are you doing now?

2) What are you making now?

3) What are you preparing now?

4) What are you thinking now?

5) What are you cooking now?

---

1) 지금 뭐 하니?

2) 지금 뭐 만들고 있니?

3) 지금 뭐 준비하고 있니?

4) 지금 무슨 생각을 하고 있니?

5) 지금 무슨 요리를 하고 있니?

## ▶ Which one do you prefer(like)/want ~?

1) Which one do you like?

2) Which one do you prefer?

3) Which color do you wanna buy?

4) Which line do you wanna take?

5) Which model do you wanna choose?

1) 어떤 것이 좋니?

2) 어떤 것을 선호하니?

3) 어떤 색상을 사고 싶니?

4) 어떤 노선을 타고 싶니?

5) 어떤 모델을 선택하고 싶니?

Part 1.
PATTERNS 문형 연구

## 4. ~했니? (과거)

▶ Did you 동사원형 ~?

▶ Have you done ~?

▶ Have you seen or heard of(about) ~?

▶ Have you ever done ~?

▶ I've never done ~.

▶ **Did you 동사원형 ~?**
: ~했니?

1) Did you have lunch?

2) Did you take any medicine today?

3) Did you finish your homework?

4) Did you talk to James this morning?

5) Did you hear that? We're going to have a party tomorrow.


1) 점심 먹었니?

2) 오늘 어떤 약이라도 복용했나요?

3) 숙제 다 했니?

4) 오늘 아침에 제임스에게 말해 보았니?

5) 너 그거 들었니? 내일 파티가 있을 거래.

## ▶ Have you done ~?
: 다 ~했니? / 이미 ~했니? (완료의 의미를 강조)

1) Have you done your assignment yet?

2) Have you finished your meal?

3) Have you cleaned up your room?

4) Have you opened a bank account?

5) Have you bought the air ticket already?


1) 너 숙제 다 했니?

2) 식사 다 했니?

3) 방 다 치웠니?

4) 은행 계좌를 이미 만들었니?

5) 너 비행기표를 이미 사 놓았니?

## ▶ Have you seen or heard of(about) ~?
: 보거나 들은 적이 있니? (경험)

1) Have you seen James today?

2) Have you heard of his speech?

3) Have you heard about his trip to Europe?

4) Have you heard of a man named Ryan King?

5) Have you heard of this kind of music somewhere else?

---

1) 오늘 제임스를 본 적 있니?

2) 그 사람 연설을 들어 본 적 있니?

3) 그 사람의 유럽 여행에 대해 들어 본 적 있니?

4) 라이언 킹이라는 이름을 가진 사람에 대해서 들어 본 적 있니?

5) 다른 곳에서 이런 음악을 들어 본 적이 있나요?

▶ **Have you ever done ~?**
: 전에 ~해 본 적 있니? (경험)

---

1) Have you ever played golf before?

2) Have you ever been to New York?

3) Have you ever seen this kind of painting?

4) Have you ever tried Chinese food?

5) Have you ever taken his lecture before?

---

1) 전에 골프를 쳐 본 적이 있나요?

2) 이전에 뉴욕에 가 본 적이 있나요?

3) 이전에 이런 그림을 본 적이 있나요?

4) 전에 중국 음식을 먹어 본 적이 있나요?

5) 전에 그 사람 강의를 들어 본 적이 있나요?

▶ **I've never done ~.**
(완료, 경험에 대한 부정적 답변)

1) I've never seen him before.

2) I've never heard about his trip.

3) I've never played golf.

4) I've never been to New York.

5) I've never tried Chinese food.


1) 그 사람을 전혀 본 적이 없다.

2) 그 사람의 여행에 대해 전혀 들어 본 적이 없다.

3) 골프를 전혀 해 보지 않았습니다.

4) 뉴욕에 가 본 적이 없습니다.

5) 중국 음식은 전혀 먹어 보지 않았습니다.

# Part 1.
## PATTERNS 문형 연구

## 5. ~할 거니? (미래)

▶ Are you going to(gonna) ~?

▶ Will you 동사원형 ~?

▶ When are you 동사진행(~ing)형 ~?

▶ When will you 동사원형 ~?

▶ Would you like 명사(또는 to 동사원형) ~?

## ▶ Are you going to(gonna) ~?

1) Are you gonna try it again?

2) Are you gonna ask him?

3) Are you going to take his offer?

4) Are you going to take a trip to Paris?

5) Are you going to come over tonight?

---

1) 다시 해 볼 거니?

2) 그 사람에게 요청할 거니?

3) 그 사람 제안을 받아들일 거니?

4) 파리로 여행을 갈 거니?

5) 오늘 저녁에 건너올 거니?

▶ **Will you 동사원형 ~?**

1) Will you go there?

2) Will you marry him?

3) Will you come back soon?

4) Will you drive me back home?

5) Will you take care of him?


1) 거기에 갈 거니?

2) 그 사람하고 결혼할 거니?

3) 금방 돌아올 거니?

4) 나 집에 데려다줄 거니?

5) 네가 그 사람을 돌볼 거니?

## ▶ When are you 동사진행(~ing)형 ~?
(going to → gonna)

1) When are you coming back?

2) When are you driving me back home?

3) When are you gonna tell me about your plan?

4) When are you gonna drop by my office?

5) When are you going to have your birthday party?

---

1) 언제 돌아올 거니?

2) 언제 집에 데려다줄 거니?

3) 언제 네 계획을 말해 줄 거니?

4) 언제 내 사무실에 들를 거니?

5) 언제 생일 파티를 할 거니?

▶ **When will you 동사원형 ~?**

1) When will you go there?

2) When will you marry him?

3) When will you come back home?

4) When will you drive me back home?

5) When will you take care of him?


1) 언제 거기에 갈 거니?

2) 언제 그 사람하고 결혼할 거니?

3) 언제 집에 돌아올 거니?

4) 언제 집에 데려다줄 거니?

5) 언제 네가 그 사람을 돌볼 거니?

▶ **Would you like 명사(또는 to 동사원형) ~?**
(Would는 will의 과거지만 여기서는 공손한 질의를 나타내는 조동사)

1) Would you like some more coffee?

2) Would you like to try that once again?

3) Would you like to give me another chance?

4) Would you like to let me know your plan?

5) Would you like to marry me?


1) 커피 좀 더 하시겠어요?

2) 한 번 더 시도해 보시겠어요?

3) 저한테 한 번 더 기회를 주시겠어요?

4) 저에게 계획을 알려 주시겠어요?

5) 나하고 결혼해 주시겠습니까?

# 6. ~해도 될까요? / 어떻게 ~하는지 (물음)

▶ Is it all right/okay/possible to 동사원형 ~?

▶ May I 동사원형 ~?

▶ Can I 동사원형 ~?

▶ Do you know how to 동사원형 ~?

▶ Would you let me know how to 동사원형 ~.

▶ **Is it all right/okay/possible to 동사원형 ~?**
　: 해도 될까요?
　(Is it okay → Will it be okay – 같은 의미)

---

1) Is it all right to change my flight schedule?

2) Is it okay to play games?

3) Is it possible to break this fifty here?

4) Will it be okay for me to take a look first?

5) Will it be possible to ask you to cover this part also?

---

1) 비행 일정을 좀 변경할 수 있을까요?

2) 게임 좀 해도 돼요?

3) 이 50불짜리 좀 바꿀 수 있을까요?

4) 우선 잠깐 살펴봐도 될까요?

5) 이 부분도 맡아 달라고 요청해도 될까요?

▶ **May I 동사원형 ~?**
  : 해도 될까요?

1) May I help you?

2) May I get you something to drink?

3) May I have a full refund on this?

4) May I borrow your book?

5) May I use your bathroom?


1) 도와드릴까요?

2) 마실 것 좀 갖다 드릴까요?

3) 이것을 전액 환불받을 수 있을까요?

4) 네 책 좀 빌려 볼 수 있을까?

5) 화장실 좀 써도 될까요?

▶ **Can I 동사원형 ~?**
  : 해도 될까요?

---

1) Can I talk to you for a minute?

2) Can I skip math class tomorrow?

3) Can I have a full refund on this?

4) Can I use your digital camera?

5) Can I go to the party on Saturday?

---

1) 잠깐 말씀 좀 드려도 될까요?

2) 내일 수학 수업 좀 빠져도 되나요?

3) 이것을 전액 환불받을 수 있을까요?

4) 디지털카메라 좀 사용해도 될까요?

5) 토요일 날 파티에 가도 돼요?

▶ **Do you know how to 동사원형 ~?**
: 어떻게 ~하는지

---

1) Do you know how to make cookies?

2) Do you know how to use this oven?

3) Do you know how to get there? (get → reach)

4) Do you know how to operate this dryer?

5) Do you know how to play golf?

---

1) 쿠키를 어떻게 만드는지 아시나요?

2) 이 오븐을 어떻게 사용하는지 아시나요?

3) 거기에 어떻게 가는지 아시나요?

4) 이 건조기를 어떻게 작동하는지 아시나요?

5) 골프를 어떻게 치는지 아시나요?

▶ **Would you let me know how to 동사원형 ~.**
: 어떻게 ~하는지
(Would는 will의 과거지만 여기서는 공손한 요청을 나타내는 조동사)

1) Would you let me know how to make cookies?

2) Would you let me know how to use this oven?

3) Would you let me know how to get there?

4) Would you let me know how to operate this dryer?

5) Would you let me know how to play golf?


1) 쿠키를 어떻게 만드는지 좀 알려 주실래요?

2) 이 오븐을 어떻게 사용하는지 좀 알려 주실래요?

3) 거기에 어떻게 가는지 좀 알려 주실래요?

4) 이 건조기를 어떻게 작동하는 건지 좀 알려 주실래요?

5) 골프를 어떻게 치는지 좀 알려 주실래요?

## 7. ~하지 마 (명령)

▶ Please stop 동사진행(-ing)형 ~.

▶ Please don't 동사원형 ~.

▶ It's better not to 동사원형 ~.

▶ You shouldn't 동사원형 ~.

▶ You're not supposed to 동사원형 ~.

▶ **Please stop 동사진행(-ing)형 ~.**
: ~하는 것 그만해라(그만하세요).

---

1) Please stop bluffing.

2) Please stop pulling my leg.

3) Please stop whining, and get over it.

4) Stop rushing me.

5) Stop bothering me when I drive.

---

1) 거짓말 좀 그만해라.

2) 나 좀 괴롭히지 마세요.

3) 그만 좀 징징거리고, 이제 잊도록 하세요.

4) 그만 재촉해.

5) 운전할 때 방해 좀 하지 마라.

▶ **Please don't 동사원형 ~.**
　: ~하지 마라(마세요).

1) Please don't interrupt me.

2) Please don't blame others.

3) Please don't be so harsh on yourself.

4) Don't lecture me.

5) Don't forget to do your homework.


1) 내 말 좀 가로막지 마라.

2) 다른 사람을 탓하지 마세요.

3) 너무 자책하지 마세요.

4) 잔소리 그만해.

5) 숙제하는 것 잊지 마.

▶ **It's better not to 동사원형 ~.**
　: ~하지 않는 것이 좋겠다.

---

1) It's better not to try it again.

2) It's better not to ask again.

3) It's better not to eat too much.

4) It's better not to play a ball game inside.

5) It's better not to talk with your mouth full.

---

1) 그것을 다시 시도하지 않는 게 좋겠다.

2) 다시 요청하지 않는 게 좋겠다.

3) 너무 많이 먹지 않는 게 좋겠다.

4) 실내에서 공놀이하지 않는 게 좋겠다.

5) 입에 음식을 가득 넣은 채로는 말하지 않는 게 좋겠다.

▶ **You shouldn't 동사원형 ~.**
　: ~하면 안 된다.

1) You shouldn't forget this one.

2) You shouldn't fight each other again.

3) You shouldn't cheat on your exam.

4) You shouldn't talk back to your mom.

5) You shouldn't blame your brother.


1) 이것을 잊어버리지 마라.

2) 다시는 서로 싸우지 마라.

3) 시험에서 부정행위를 하지 마라.

4) 엄마에게 말대답하지 마라.

5) 형을 탓하지 마라.

▶ **You're not supposed to 동사원형 ~.**
  : ~하지 않기로 되어 있다.

1) You are not supposed to talk back.

2) You are not supposed to smoke here.

3) You're not supposed to look up my diary.

4) You're not supposed to go out late at night.

5) You're not supposed to let strangers come in this room.


1) 말대답하면 안 되지.

2) 여기서 흡연하면 안 됩니다.

3) 남의 일기장을 보면 안 되지.

4) 밤늦게 나가면 안 되지.

5) 외부인을 이 방에 들어오게 놔두면 안 됩니다.

## 8. ~해야 해 (제안)

▶ You need to 동사원형 ~.

▶ It's better for you to 동사원형 ~.

▶ You should do 동사원형 ~.

▶ You have to 동사원형 ~.

▶ be supposed to do 동사원형 ~.

▶ do 동사원형 ~.

### ▶ You need to 동사원형 ~.
: ~하도록 해라. (권유, 제안)

---

1) You need to wear something decent.

2) You need to take good care of your brother.

3) You and I need to talk.

4) You need to learn how to get along with people.

5) You need to find a part-time job.

---

1) 좀 단정한 옷을 입도록 해라.

2) 동생을 잘 돌보도록 해라.

3) 우리 얘기 좀 나눠야겠다.

4) 사람들하고 어울리는 법을 배우도록 해라.

5) 아르바이트 일을 찾아보도록 해라.

▶ **It's better for you to 동사원형 ~.**
: ~하는 것이 좋을 것 같다.
(이상적인 행동을 하도록 충고 또는 권유)

---

1) It's better for you to control your weight.

2) It's better for you to follow his advice.

3) It's better for you to take his lecture.

4) It's better for you to watch it carefully.

5) It's better for you to write your diary every day.

---

1) 몸무게를 좀 조절하는 게 좋을 것 같습니다.

2) 그의 충고를 따르는 것이 좋을 것 같다.

3) 그 사람 강의를 듣는 게 좋을 것 같다.

4) 그것을 조심스럽게 살펴보는 게 좋을 것 같다.

5) 매일 일기를 쓰는 게 좋을 것 같다.

▶ **You should do 동사원형 ~.**
: ~ 해야 해. (약간 강한 권유, 충고의 뜻)

---

1) You should see a doctor.

2) You should tell everything to me.

3) You should try it again.

4) You should let him leave now.

5) You should learn how to drive safely.

---

1) 의사한테 가 보는 것이 좋겠어.

2) 너 나한테 전부 말해야 해.

3) 다시 한 번 시도해 봐.

4) 그 사람 지금 출발하게 해야 해.

5) 안전하게 운전하는 방법을 배워야 해.

▶ **You have to 동사원형 ~.**
  (You've got to 동사원형 ~.)
  : ~해야 한다. (의무, 강제성의 의미가 내포됨)

---

1) You have to drive safely.

2) You have to move on.

3) You have to do it on your own.

4) You have to learn how to handle this one.

5) You have to help your mom when she's doing house work.

---

1) 안전하게 운전해야 한다.

2) 이제 마음을 정리하고 앞을 보며 나아가야 한다.

3) 그 일은 너 혼자서 해결해야 한다.

4) 이것을 어떻게 처리하는지 배워야 한다.

5) 엄마가 집안일을 하고 계실 때는 너도 도와야 한다.

### ▶ be supposed to do 동사원형 ~.
: ~해야 한다 또는 ~하기로 되어 있다.
(규칙, 관습 등에 따라)

---

1) You are supposed to follow these rules.

2) You are supposed to wait in line.

3) You are supposed to observe traffic signals.

4) You are supposed to wear a formal dress.

5) What am I supposed to do?

---

1) 이 규칙을 따라야 합니다.

2) 줄을 서서 기다려야 합니다.

3) 교통 신호를 준수해야 합니다.

4) 정장을 입게 되어 있습니다.

5) 내가 어떻게 해야 하나요? (약간 불만조로 쓰이는 경우가 많음)

▶ **do 동사원형 ~.**
  : ~해라.

---

1) Come on, you can make it.

2) Leave it to me, I can handle it.

3) Try harder.

4) Give it a try.

5) Hop in.

---

1) 힘내, 넌 할 수 있어.

2) 나한테 맡겨, 내가 처리할 수 있어.

3) 더 열심히 해 봐.

4) 한 번 시도해 봐.

5) 차에 타.

MEMO

Part 1.
PATTERNS 문형 연구

## 9. ~한 것 같아 (느낌, 감정)

▶ sound 형용사 / sound like 명사/명사절

▶ look 형용사 / look like 명사/명사절

▶ smell 형용사 / smell like 명사/명사절

▶ taste 형용사 / taste like 명사/명사절

▶ feel 형용사 / feel like 동명사 or 명사절

## ▶ sound 형용사 / sound like 명사/명사절

1) It sounds good.

2) Does this sound familiar?

3) That sounds promising.

4) It sounds like a good idea.

5) It sounds like you like her.


1) 그거 괜찮은 것 같아.

2) 이거 낯익은 것 같니?

3) 그거 유망할 것 같아.

4) 좋은 생각인 것 같아.

5) 네가 그녀를 좋아하는 것 같구나.

▶ **look 형용사 / look like 명사/명사절**

1) You look so excited today.

2) They all look the same to me.

3) It looks like rain.

4) She looks like your type.

5) It looks like we have reached an agreement on this matter.


1) 너 오늘 아주 신나 보이네.

2) 나한테는 모두 똑같아 보여.

3) 비가 올 것 같아.

4) 저 여자는 딱 네 타입인 것 같구나.

5) 우리 이 문제에 대해서 합의점에 도달한 것 같구나.

## ▶ smell 형용사 / smell like 명사/명사절

1) This smells really good.

2) It smells delicious.

3) This towel smells damp.

4) It smells like cigarettes.

5) It smells like somebody farted.

---

1) 이거 진짜 냄새 좋은데.

2) 맛있을 것 같아.

3) 이 수건에서 눅눅한 냄새가 나는 것 같아.

4) 담배 냄새가 나는 것 같은데.

5) 누군가 방귀를 뀐 것 같은데.

▶ **taste 형용사 / taste like 명사/명사절**

1) It tastes too sweet.

2) It tastes a little bit spicy.

3) It tastes better with this dressing.

4) It tastes like coffee.

5) It tastes like beef.


1) 너무 단 것 같아.

2) 약간 매운 것 같아.

3) 이 드레싱을 뿌리면 훨씬 맛이 좋아.

4) 커피 맛이 나는 것 같아.

5) 소고기 맛이 나는 것 같아.

▶ **feel 형용사 / feel like 동명사 or 명사절**
: 감정적으로 ~에 끌리다, ~할 거 같다. (feel like 경우)

1) Are you feeling better now?

2) I feel sorry for him.

3) I feel like throwing up.

4) I don't feel like eating out tonight.

5) I feel like I'm working on air.


1) 좀 나아지는 것 같니?

2) 그 사람 참 안됐네. (다른 사람의 불행에 대한 안타까움을 표시)

3) 토할 것 같아.

4) 오늘 밤은 외식하러 갈 기분이 아니다.

5) 하늘로 날아갈 것 같아.

# Part 1.
## PATTERNS 문형 연구

## 10. 같이 ~할까요? (제안)

▶ Let's 동사원형 ~?

▶ Shall we 동사원형 ~?

▶ What do you say to 명사/동명사 ~?

▶ How about 동명사/명사?

▶ Why don't we 동사원형 ~?

▶ **Let's 동사원형 ~?**
  : 우리 ~합시다.

---

1) Let's play together.

2) Let's go out for a movie.

3) Let's look at the odds.

4) Let's meet at your place tonight.

5) Let's try a new restaurant just for a change.

---

1) 같이 놀자.

2) 영화 보러 가자.

3) 확률을 따져 봅시다.

4) 오늘 밤 네가 있는 곳에서 만나자.

5) 기분 전환할 겸 다른 식당에 한번 가 보자.

▶ **Shall we 동사원형 ~?**
　: 우리 ~할까요?

---

1) Shall we dance?

2) Shall we go shopping?

3) Shall we meet this afternoon?

4) Shall we go over this one again?

5) Shall we drop by STARBUCKS and have some coffee?

---

1) 우리 춤출까요?

2) 우리 쇼핑 갈까?

3) 오늘 오후에 만날까요?

4) 이것을 다시 한 번 살펴볼까요?

5) 스타벅스에 들러 커피 한잔할까요?

▶ **What do you say to 명사/동명사 ~?**
(What do you say we 절?)
: ~하면 어떨까요?

---

1) What do you say to going to a movie?

2) What do you say to a walk to Central Park?

3) What do you say to having dinner with us?

4) What do you say we drink some more?

5) What do you say we buy a brand-new car?

---

1) 우리 영화 보러 갈까?

2) 우리 중앙 공원으로 산책 갈까?

3) 우리와 함께 저녁을 드시는 게 어떻습니까?

4) 우리 좀 더 마실까?

5) 우리 새 차를 사면 어떨까?

▶ **How about 동명사/명사?**
(상대방의 의견이나 판단을 구하는 것이 아니고 제안의 성격)

1) How about Korean food for lunch?

2) How about a movie tonight?

3) How about playing basketball after this class?

4) How about trying a Chinese buffet for dinner?

5) How about staying home and watching TV tonight?


1) 점심으로 한식 어때?

2) 오늘 밤에 영화 보러 갈까?

3) 이 수업 마치고 농구하는 거 어때?

4) 저녁에는 중국 뷔페에 갈까?

5) 오늘은 그냥 집에서 TV나 보는 게 어때?

### ▶ Why don't we 동사원형 ~?
： ~하는 게 어떨까요?

---

1) Why don't we try that restaurant today?

2) Why don't we take a look first?

3) Why don't we go shopping together?

4) Why don't we play soccer tomorrow afternoon?

5) Why don't we meet at 7 p.m. on every Tuesday?

---

1) 오늘 저 식당에 가 보는 거 어때?

2) 일단 먼저 눈으로 한번 살펴보는 게 어때?

3) 우리 같이 장 보러 갈까?

4) 내일 오후에 우리 축구하는 거 어때?

5) 매주 화요일 저녁 7시에 만나면 어떨까요?

Part 1.
PATTERNS 문형 연구

## 11. 내 생각, 내 의견 (의견 표명)

▶ What I'm saying is that 절 ~.

▶ You should have done 과거분사 ~.

▶ It seems like 명사 또는 명사절 ~.

▶ It's getting 형용사 ~.

▶ don't have to 동사원형 ~.

## ▶What I'm saying is that 절 ~.
(What I'm trying to say is that 절.)
: 내가 말하고자 하는 것은(내 말은) ~이다.

---

1) What I'm saying is that this room is too dark.

2) What I'm saying is that it was not a fair game.

3) What I'm saying is that this is not working properly.

4) What I'm saying is that you shouldn't let her down.

5) What I'm trying to say is that we should save our children's time.

---

1) 내 말은 이 방이 너무 어둡다는 거야.

2) 내 말은 그 경기가 공정하지 못했다는 거야.

3) 내 말은 이게 제대로 작동하지 않는다는 거야.

4) 내 말은 네가 그녀를 실망시키면 안 된다는 거야.

5) 내가 말하고자 하는 것은 우리 아이들의 시간을 아껴 주어야 한다는 거야.

▶ **You should have done 과거분사 ~.**
: 너 ~했으면 좋았을걸(사실은 하지 않음).
(안타까움, 후회의 감정이 스며 있음.)

1) I should have read more history books.

2) I should have devoted my life to the happiness of children.

3) You should have come to the party last night.

4) You should have watched your mouth.

5) He should have passed the last entrance exam.


1) 역사책을 좀 더 많이 읽었으면 좋았을걸.

2) 어린이의 행복을 위해 내 일생을 바쳤으면 좋았을걸.

3) 네가 어제 파티에 왔으면 좋았을걸.

4) 네가 말 좀 조심했으면 좋았을 텐데.

5) 그 사람이 지난 입학시험에 통과했으면 좋았을걸.

▶ **It seems like 명사 또는 명사절 ~.**
: ~인 것 같아.

1) It seems like a good idea.

2) It seems like the weather is getting better.

3) It seems like he is getting used to waking up early.

4) It seems like his business has been improved a lot.

5) It seems like spring has gone already.


1) 좋은 생각인 것 같아.

2) 날이 좋아지는 것 같아.

3) 그 사람은 일찍 일어나는 것에 익숙해진 것 같아.

4) 그 사람의 사업이 많이 좋아진 것 같아.

5) 벌써 봄이 다 지나가 버린 것 같아.

▶ **It's getting 형용사 ~.**
: (점점) ~하고 있어.

1) It's getting cold.

2) It's getting darker.

3) It's getting worse.

4) It's getting better and better.

5) The night is getting shorter from the beginning of this month.


1) 점점 추워지고 있어.

2) 점점 더 어두워지고 있어.

3) 점점 더 나빠지고 있어.

4) 점점 더 나아지고 있어.

5) 이번 달 초부터 밤이 점점 짧아지고 있어.

▶ **don't have to 동사원형 ~.**
: ~하지 않아도 된다.

1) You don't have to call me today.

2) You don't have to cancel this one.

3) You don't have to drive me back home.

4) She doesn't have to take care of him anymore.

5) They don't have to come all together.


1) 오늘 나한테 전화하지 않아도 된다.

2) 이것은 취소하지 않아도 된다.

3) 나를 집까지 데려다주지 않아도 된다.

4) 그녀는 더 이상 그를 돌보지 않아도 된다.

5) 그 사람들이 모두 한꺼번에 오지 않아도 됩니다.

# Part 2.
# Grammar Script
# (영문법 훑어보기)

Part 2.
Grammar Script (영문법 훑어보기)

# Ⅰ. 동사

▶ 주어 + 동사

모든 문장은 어떠한 상태, 현상, 동작 등을 표현하는 데에 목적이 있습니다. 그리고 문장이 나타내려는 상태나 동작의 주체가 되는 것이 주어고, 그러한 상태나 동작을 표현하는 가장 기본적인 문장성분이 동사입니다.

- I am a student. (나는 학생이다.)
    → 내가 학생이라는 상태 표현 – I : 주어  am : 동사
- I go to school. (나는 학교에 간다.)
    → 학교에 간다는 동작 표현 – I : 주어  go : 동사

모든 문장은 주어와 동사로 이루어져 있습니다. 이렇게 문장을 구성하는 것을 문장성분이라고 합니다. 문장성분[1]에는 주어, 동사 외에도 여러 가지가 있지만, 문장의 핵심은 언제나 주어, 동사입니다. 따라서 영어를 읽을 때도 주어와 동사에 초점을 맞추어야 합니다. 영어가 잘 해석되지 않을 때는 차근차근 주어와 동사가 무엇인지부터 찾아보면 쉽게 풀리는 경우가 많습니다.

---

1) 문장성분: 주어, 동사, 목적어, 보어, 수식어 등과 같은 문장의 구성 요소이다.

### ▶ 동사의 종류

동사의 종류에는 be동사, 일반동사, 조동사가 있습니다. be동사는 주어의 상태나 성질같이 고정된 특징을 설명할 때 사용되며, 일반동사는 주어의 움직임, 즉 행동이나 동작을 표현할 때 사용됩니다. 이 두 가지 동사를 도와 뜻을 보다 세밀하게 하는 동사가 조동사입니다. 조동사는 be동사와 일반동사를 돕는 기능을 하기 때문에 이름도 한자의 "助(도울 조)"를 써서 조동사라고 합니다.

- I am a student. (나는 학생이다.)
  → 학생이라는 고정된 신분을 표현
- I go to school. (나는 학교에 간다.)
  → '가다'라는 동작을 표현
- I can go to school. (나는 학교에 갈 수 있다.)
  → 동사에 '할 수 있다'는 의미를 더함

---

▶ 문장성분
주어, 동사, 목적어, 보어, 수식어 등과 같은 문장의 구성 요소이다.
▶ 품사
단어를 문법적 기능대로 분류한 것으로 명사, 동사, 형용사, 부사, 전치사 등이 있다.
문장에서 명사(품사)는 주어, 목적어, 보어(문장성분) 자리에 올 수 있다.

## 1. be동사

be동사는 주어의 고정된 성질이나 상태를 나타내며 뜻은 "~이다, ~가 있다"입니다. be동사는 주어의 인칭에 따라 시제에 따라 형태가 달라집니다. 다음 표에서 자세히 알아봅시다.

| 인칭 | | | be동사 현재형 | be동사 과거형 |
|---|---|---|---|---|
| 1인칭 | 단수 | I (나) | 현재: am(I'm) | was |
| 2인칭 | 복수 | We (우리) | 현재: are (We're/You're/They're) | were |
| | 단수 | You (너) | | |
| | 복수 | You (너희들) | | |
| 3인칭 | 복수 | They (그들) | | |
| | 단수 | She (그녀) He (그) It (그것) | 현재: is (He's/She's/It's) | was |

## 2. 일반동사

- I go to school. (나는 학교에 간다.)
- I want to go to school. (나는 학교에 가고 싶다.)

일반동사는 주어의 동작, 행동 같은 움직임을 표현하는데, 첫 문장처럼 겉으로 나타나는 동작뿐 아니라, 두 번째 문장 같은 마음속 움직임도 표현합니다.

### 3. 조동사

조동사는 일반동사나 be동사의 앞에서 동사의 의미를 더해 주는 역할을 합니다. 우리말에서 "갈 수 있다"에서 동사 "가다"에 "~할 수 있다"가 더해져 의미를 확장시키는 것처럼 영어에서도 이러한 역할을 하는 말, 즉 조동사가 존재합니다. 이때, 중요한 것은 조동사 뒤에는 과거형이나 주어가 3인칭 단수일 때 '-s'나 '-es'가 붙는 형태는 올 수 없고, 항상 동사원형만 온다는 사실입니다.

#### 1) do/does/did

"하다"라는 뜻이 있는 do동사는 조동사로 쓰일 때가 있습니다. 이 경우에는 특별한 의미가 있다기보다는 일반동사를 부정문이나 의문문으로 만들 때 도와주는 역할을 합니다. 조동사 do를 통해 부정문이나 의문문 만드는 방법에 대해서는 뒤에서 살펴보도록 하고, 여기서는 동사가 조동사 do와 동사원형으로 어떻게 나뉘는지 살펴보겠습니다.

| play | | plays | | played | |
|---|---|---|---|---|---|
| do | play | does | play | did | play |

▶ 조동사의 종류

| 현재 | 과거 | 현재 | 과거 |
|---|---|---|---|
| must | x | can | could |
| shall | should | may | might |
| will | would | do | did |

→ 조동사는 과거형이라도 항상 과거의 뜻으로 사용되진 않습니다.

## 2) must/should

① 강한 추측: ~임에 틀림없다

- She must love me. (그녀는 나를 사랑하는 것이 틀림없다.)
- She should love me. (그녀는 나를 당연히 사랑할 거야.)

위 두 문장에서 must는 거의 100%의 확신을 갖고 말한 것이고, should는 그것보다는 조금 부족한 확신임을 내포하고 있습니다.

② 의무: ~해야 한다

- You must do your homework.
  (너는 숙제를 반드시 해야 한다.)
- You should do your homework.
  (너는 숙제를 반드시 해야 한다.)

위 두 문장의 우리말 뜻은 같지만 추측의 경우처럼 약간의 뉘앙스 차이가 있습니다. must를 사용한 문장은 숙제를 안 하면 절대 안 된다는 말이고, should는 숙제를 하는 것이 좋을 거라는 의미를 담고 있습니다. 반드시 해야 한다고 강조하여 말할 때 must를 사용할 수 있겠습니다. 이때, must는 have to로 should는 ought to로 바꿔 쓸 수 있습니다.

---

▶ must not
: ~ 해서는 안 된다.

▶ don't have to
: ~ 하지 않아도 된다.

→ must와 have to는 같은 의미이지만 부정일 때는 의미가 다르니 구분해서 알아 두세요.

### 3) will(미래, 의지): ~할 것이다 (= be going to)

조동사 will은 미래 시제를 나타내며 '~ 할 것이다'라고 해석하면 됩니다. 이때, will은 주어의 의지를 담기도 하고 미래의 일을 추측하거나 짐작할 경우에도 사용됩니다.

- You will arrive on time. (너는 제시간에 도착할 거야.)
- I will do my homework. (나는 숙제를 할 거야.)

첫 번째 예문의 경우는 미래의 일에 대해 추측하는 것이고, 두 번째 문장은 주어인 '나'의 의지를 담은 표현입니다.

※ will의 과거형 조동사인 would는 will보다 의미가 약합니다. 주로 "~하고 싶다"라는 말을 공손하게 표현하는 "would like to"에서 많이 쓰입니다.

- I would like to see you. (당신을 만나 뵙고 싶습니다.)

또한, 뒤에서 배울 가정법에서 만날 수 있으니 확실히 눈도장을 찍어 둡시다.


### 4) can(가능, 허락): ~할 수 있다 (= be able to)

can은 무언가를 할 수 있다는 가능의 표현으로 많이 사용됩니다.

- I can do it. (나는 할 수 있다.)
- I can speak English a little. (나는 영어를 조금 말할 수 있다.)

첫 문장의 주어를 You로 바꾸면 '넌 그것을 해도 좋아'라는 허락의 의미가 더해지기도 합니다. 아래 문장은 can이 허락의 의미로 쓰인 대표적인 경우입니다.

- Can I open it? (그것을 열어도 되니?)

can의 과거는 could로 "~할 수 있었다"라는 의미로 쓰입니다.

- I could do it. (나는 그것을 할 수도 있었어.)

### 5) may(추측, 허락): ~일지도 모른다, ~해도 괜찮다

may는 must나 should보다 훨씬 약한 추측의 의미로 쓰이는데, may의 과거형인 조동사 might은 may보다 더 약한 추측을 나타냅니다.

- It may rain. (비가 내릴지도 몰라.) - 비가 올 확률 50%
- It might rain. (비가 내릴지도 몰라.) - 비가 올 확률 20%

may는 can과 비슷하게 허락의 의미로도 사용됩니다. may를 사용하시면 좀 더 공손하고 정중한 표현이 되기 때문에 공항, 은행, 호텔 등의 직원이 손님에게 자주 쓰는 표현입니다.

- May I have your name, please? (이름을 알려주시겠어요?)

※ 조동사는 우리말에서 비슷한 의미를 가진 말을 찾을 수는 있지만 일대일 대응이 되는 말은 없습니다. 따라서 아래 표에서 뉘앙스를 조금이나마 이해한 후 다양한 예문을 통해 학습하는 것이 좋겠습니다.

| do | must | should | shall | will | would |
|---|---|---|---|---|---|
| ~을 한다 | ~해야만 한다 | | | ~하려고 한다 | |
| 사실 | 강한 의무 | 의무 | 약한 의무 | 의지 | 약한 의지 |
| can | could | may | might | | |
| ~할 수 있다 | | ~할지도 모른다 | | | |
| 가능성 | 낮은 가능성 | 추측 | 약한 추측 | | |

- You shouldn't watch TV too much.

  (TV를 너무 많이 보지 않는 게 좋다.)

- That girl may be the most beautiful girl in his class.

  (저 여자애가 그의 반에서 제일 예쁠지도 몰라.)

- This will be the first Olympic game in Africa.

  (이것은 아프리카에서 열리는 최초의 올림픽 경기일 것이다.)

- The leaves will turn yellow and red.

  (나뭇잎들이 노랗고 빨갛게 물들 것이다.)

- You must not eat something in class.

  (수업 중에 무언가를 먹어서는 안 된다.)

- I couldn't tell who they are.

  (난 그들이 누군지 알 수 없었다.)

Part 2.
Grammar Script (영문법 훑어보기)

# Ⅱ. 시제

시제란 문장의 과거, 현재, 미래를 표현하는 것입니다. 시제는 문장에서 동사의 형태에 변화를 줌으로써 표현됩니다. 문장에서 동사의 역할이 중요한 이유 중 하나는 바로 시제를 표현하기 때문입니다.

우리말은 "과거 → 현재 → 미래"이렇게 3가지로 거의 모든 시간을 구분 짓지만 영어에서는 시제 표현이 좀 더 복잡합니다. 하나씩 같이 차근차근 알아봅시다.

> ▶ 단순시제
> 단순히 과거, 현재, 미래의 시제만 표현할 때 사용됩니다.
> ▶ 진행시제: be + 현재분사(~ing)
> 각 시점에서 '~하고 있다'는 진행을 나타내는 시제입니다.
> ▶ 완료시제: have + 과거분사(p.p)
> 과거에서 시작되어 현재에까지 영향을 미치는 시제입니다. 과거완료, 현재완료, 미래완료가 있습니다.

## 1. 단순시제

### 1) 현재

현재의 상태나 현재 습관적, 규칙적으로 반복되는 일을 표현합니다.

- He watches TV in the evening.

  (그는 저녁마다 TV를 본다.)
- He is a student. (그는 학생이다.)

주어가 3인칭 단수(he, she, it)일 때 일반동사의 현재시제를 표현할 경우, 동사 뒤에 '-s/-es'를 붙여 줍니다.

> 동사가 -s, -ss, -x, -z, -ch, -sh로 끝날 경우에는 -es를 붙입니다.

### 2) 과거

우리는 대화를 하거나 글을 쓸 때 과거에 있었던 일을 말하는 경우가 많으므로 과거시제를 많이 사용합니다. be동사는 was, were으로 형태가 바뀌고, 일반동사는 보통 뒤에 -ed를 붙여 주지만 불규칙적인 형태도 많습니다.

- He was a student. (그는 학생이었습니다.)
- I watched TV yesterday. (나는 어제 TV를 보았다.)

> ▶ 일반동사의 과거형
> 1. -e로 끝나는 동사는 -d만 붙입니다.
>    ex) live → lived
> 2. '자음+y'로 끝나는 동사는 y를 i로 바꾸고 -ed를 붙입니다.
>    ex) study → studied
> 3. '단모음+단자음'으로 끝나는 동사는 자음을 한 번 더 쓰고 -ed를 붙입니다.
>    ex) stop → stopped

### 3) 미래

미래에 할 일을 표현할 때는 조동사 will을 사용합니다. 조동사 뒤에는 항상 동사원형이 옵니다.

- He will be a student. (그는 학생이 될 것이다.)
- I will watch TV tomorrow. (나는 내일 TV를 볼 것이다.)

## 2. 진행시제

### 1) 현재진행

현재에 '하고 있다'라는 진행을 나타냅니다. 영어에서 동사원형에 '~ing'를 붙여 주면 우리말로 '~하고 있는'이라는 뜻이 됩니다. 여기에 상태를 나타내는 be동사를 앞에 붙여 주어 '~하고 있는 상태이다'라는 뜻의 진행 시제를 표현할 수 있습니다.

- I watch TV. (나는 TV를 본다. - 단순현재: 습관)
- I am watching TV now. (나는 지금 TV를 보고 있다. - 현재진행)

### 2) 과거진행

'~하고 있었다'라는 뜻의 과거 진행형은 be동사만 과거형으로 바꿔 주면 됩니다.

- I was watching TV when you called me yesterday.
  (네가 어제 전화했을 때, 나는 TV를 보고 있었다.)

### 3) 미래진행

'~하고 있을 것이다'라는 뜻으로 미래에 진행되고 있을 일을 표현해 주며, 자주 쓰이지는 않습니다.

- I will be watching TV at 6 p.m. tomorrow.
  (나는 내일 6시에 TV를 보고 있을 것이다.)

## 3. 완료시제

현재완료시제는 'have+과거분사(p.p)'로 표현합니다. 말 그대로 어떠한 과거를 가지고 있다(have)는 의미입니다. 가지고 있기 때문에 그 과거가 현재에까지 영향을 미치는 것입니다. 완료시제는 우리말에 없지만 영어에서는 즐겨 사용되니 자세히 알아봅시다.

### 1) 현재완료 (have+p.p)

- I lost the key.

  (나는 열쇠를 잃어버렸다.) - 지금 있는지 없는지 알 수 없다.

- I have lost the key.

  (나는 열쇠를 잃어버렸다.) - 그래서 지금 없다.

위 두 문장과 같이 단순 과거시제와 현재완료시제의 우리말 해석은 같지만 다른 의미를 내포하고 있습니다.

### 2) 과거완료 (had+p.p)

과거완료는 과거에 일어난 일보다 더 과거에 일어난 일을 표현할 때 사용합니다. 형태는 현재완료에서 'have'를 과거형 'had'로 바꾸면 됩니다.

- I had lost the key when I came home.

  (집에 돌아왔을 때, 나는 열쇠를 잃어버린 상태였다.)

집에 돌아온 시점은 현재보다 과거이고, 열쇠를 잃어버린 것은 그보다 더 과거에 일어난 일이므로 과거완료를 이용하여 표현합니다.

### 3) 미래완료 (will have+p.p)

미래완료는 미래에 일어날 일보다 더 이전에 일어날 일을 표현할 때 사용됩니다.

- I will have finished my cooking by the time you come home.

  (네가 집에 올 때쯤에 나는 요리를 마쳤을 것이다.)

미래에 친구가 집에 오기로 했는데(미래), 그 전에 요리를 마쳐 놨을 것(미래보다 이전에 일어날 것임)이라는 것을 미래완료로 표현했습니다.

| 과거형 | | 현재형 | | 미래형 | |
|---|---|---|---|---|---|
| 동사ed | | 동사원형 | | will+동사원형 | |
| 진행 | was/were 동사ing | 진행 | am/are/is 동사ing | 진행 | will be 동사ing |
| 완료 | had p.p. | 완료 | have p.p. | 완료 | will have p.p. |
| 완료 진행 | had been 동사ing | 완료 진행 | have been 동사ing | 완료 진행 | will have been 동사ing |

▶ 완료시제의 4가지 역할

1. **계속**(과거부터 지금까지 계속될 때)
- I have lived here for three years.
 (나는 3년 동안 여기에 살고 있다.)

2. **완료**(과거에서 시작해 지금 끝났을 때)
- I have just finished my homework.
 (나는 숙제를 방금 끝냈다.)

3. **경험**(과거에 한 일을 경험으로 갖고 있을 때)
- Have you ever been there?
 (거기 가 본 적 있니?)

4. **결과**(과거에 한 일이 현재에 어떤 결과가 될 때)
- I have broken the window.
 (내가 그 창문을 깼다.)

# Part 2.
## Grammar Script (영문법 훑어보기)

# Ⅲ. 의문문

영어에서는 의문문을 만들 때 동사의 위치를 주어 뒤에서 앞으로 옮깁니다. 동사의 종류에 따라 의문문에 대한 대답까지 좀 더 자세히 살펴보겠습니다.

## 1. be동사 의문문

be동사를 주어 앞으로 보냅니다.
- You are a student. (너는 학생이다.)
- Are you a student? (너는 학생이니?)

(대답) Yes, I am. / No, I'm not.

이 물음에 대한 답은 먼저 'Yes'인지 'No'인지 밝혀 주고, 그 뒤에 주어와 be동사를 써 줍니다.

과거시제 문장도 마찬가지입니다.
- Was he nice? (그 남자 괜찮았니?)

(대답) Yes, he was. / No, he wasn't.

> ▶ 1인칭, 2인칭 의문문
> 의문문에서 1인칭(I, we)으로 물으면 2인칭(you)으로 답하고, 2인칭으로 물으면 1인칭으로 답해야 합니다.
>
> • Are you a student?
> – Yes, I am.
> • Am I a student?
> – Yes, you are.
> • Are you students?
> – Yes, we are.
> • Are we students?
> – Yes, you are.

## 2. 일반동사 의문문

일반동사는 힘이 없어서 의문문이나 부정문에서 조동사 do를 이용합니다. 이때, 문법상으로 동사는 조동사 do가 되기 때문에 'do'를 문장 맨 앞으로 보냅니다. 조동사 do는 주어가 3인칭 단수이거나 과거일 때 형태가 바뀝니다.

- You play soccer in school. (당신은 학교에서 축구를 한다.)
- You do play soccer in school.
  (당신은 학교에서 축구하는 것을 한다.) – 'do play'로 나눔

- Do you play soccer in school?

 (당신은 학교에서 축구를 합니까?) – do를 앞으로 보냄

 (대답) Yes, I do. / No, I don't.

> ⇒ Do + 주어 + 동사 + ~ ?

과거일 경우, 'play'의 과거형인 'played'를 이용합니다. 'played'는 'did play'로 나뉩니다.

- Did you play soccer in school last night?

 (어젯밤에 학교에서 축구를 했습니까?)

 (대답) Yes, I did. / No, I didn't.

> ⇒ Did + 주어 + 동사 + ~ ? (과거)

주어가 3인칭 단수일 경우는 'does play'로 나뉩니다.

- Does he play soccer? (그는 축구를 하니?)

 (대답) Yes, he does. / No, he doesn't.

- Does it work well? (그것은 잘 작동하니?)

 (대답) Yes, it does. / No, it doesn't.

> ▶ 3인칭 단수일 때 일반동사에 -s, -es가 붙죠?
> 'do'에도 -es가 붙어 'does'가 되는 거예요.

### 3. 조동사 의문문

조동사 의문문은 일반동사 의문문에서 조동사 do를 앞으로 보낸 것과 같이 조동사를 주어 앞으로 보내면 됩니다.

- You can play soccer. (너는 축구를 할 수 있다.)

  → Can you play soccer? (너는 축구를 할 수 있니?)

- You will visit Korea. (너는 한국에 방문할 것이다.)

  → Will you visit Korea? (너는 한국에 방문할 거니?)


### 4. 의문사 의문문

영어에서도 "언제, 어디서, 누가, 무엇을, 왜, 어떻게"와 같은 육하원칙을 이용하여 질문할 수 있는 의문사가 있습니다. 의문사를 이용하여 의문문을 만들려면 be동사 의문문, 일반동사 의문문, 조동사 의문문 앞에 의문사를 넣어 주면 됩니다.

| 언제 | 누가 | 어디서 | 무엇을 | 어떻게 | 왜 |
|---|---|---|---|---|---|
| When | Who | Where | What, Which | How | Why |

- Did you meet him? (너 그 남자 만났니?)

- When did you meet him? (너 그 남자를 언제 만났니?)

  (대답) I met him yesterday.

▶ 의문사 의문문에 대한 대답에서는 Yes나 No를 사용하지 않습니다.

아래의 대화에서 좀 더 자세히 살펴봅시다.

▶ When are you going to the gym?
(너 체육관에는 언제 갈 거니?)
→ At six. (6시에.)
▶ Then, where can we meet?
(그럼, 우리 어디서 만날까?)
→ At the lobby of the main library.
(중앙도서관 로비에서.)
▶ Who will join us except you and me?
(너랑 나 말고 또 누가 같이 가니?)
→ James will. (제임스가 같이 갈 거야.)
▶ What can we do after some workout?
(우리 운동 끝나고 뭐 할까?)
→ Let's have a bite. (뭐 좀 먹자.)
▶ Which restaurant are you in mind, Italian or Chinese?
(이탈리아 식당이랑 중국 식당 중에 어떤 곳으로 가고 싶니?)
→ For me, Italian. (나는 이탈리아 식당이 좋아.)
▶ Why do you always prefer Italian?
(왜 너는 항상 이탈리아 식당을 더 좋아하니?)
→ That's because I like Susan who is working for CaféItalian.
(왜냐면 이탈리아 식당에서 일하는 수잔을 좋아하거든.)
▶ How are you gonna ask her out?
(너 그녀에게 어떻게 데이트 신청할 거니?)
→ Leave it to me. I'm a professional. I have a good idea.
(나에게 맡겨 둬. 내가 전문가야. 나에게 좋은 생각이 있어.)

▶ What과 Which의 구분

**What**

: 추상적으로 원하는 것을 물어볼 때

- What do you want?
 (무엇을 원해?)

**Which**

: 구체적인 몇 가지 중 무엇을 선택할지 물어볼 때

- Which do you want?
 (어떤 것을 원해?)
- Which do you like better, tea or coffee?
 (커피랑 차 중에 어느 것을 더 좋아하니?)

Part 2.
Grammar Script (영문법 훑어보기)

# IV. 부정문

부정문은 '~가 아니다'라는 부정의 뜻을 나타내는 문장인데, 영어에서는 동사 뒤에 'not'을 붙여 표현합니다.

## 1. be동사 부정문

동사인 be동사 뒤에 'not'을 붙여 줍니다.
- I am a student. (나는 학생이다.)
  → I am not a student. (나는 학생이 아니다.)
- He is smart. (그는 똑똑하다.)
  → He is not smart. (그는 똑똑하지 않다.)

과거인 경우: was나 were 뒤에 'not'을 붙입니다.
- I was a student. (나는 학생이었다.)
  → I was not a student. (나는 학생이 아니었다.)

의문문인 경우: 주어 앞으로 온 be동사 뒤에 'not'을 붙입니다.
- Are you happy? (넌 행복하니?)
  → Aren't you happy? (넌 행복하지 않니?)

> ▶ 부정문을 말하는 경우 발음상의 편의를 위해 축약해서 많이 씁니다.
> - is not → isn't
> - do not → don't
> - will not → won't
> - am not → ain't

## 2. 일반동사 부정문

부정문에서도 일반동사 혼자는 힘이 없기 때문에 조동사 do를 써서 나눕니다. 이때, 동사는 do가 되므로 do 뒤에 'not'을 붙여 부정문을 만들면 됩니다.

- You play soccer in school.
  (당신은 학교에서 축구를 한다.)
- You (do) play soccer in school.
  (당신은 학교에서 축구하는 것을 한다.)
- You do not(don't) play soccer in school.
  (당신은 학교에서 축구를 하지 않는다.)
- He does not(doesn't) play soccer.
  (그는 축구를 하지 않는다.)

 − 주어가 3인칭 단수일 때

- You did not(didn't) play soccer in school.
  (당신은 학교에서 축구를 하지 않았다.)

   — 과거

- Do not(Don't) you play soccer in school?
  (당신은 학교에서 축구를 하지 않습니까?)

   — 의문문


## 3. 조동사 부정문

 조동사가 쓰인 문장에서 동사는 조동사로 보기 때문에 조동사 뒤에 'not'을 붙입니다.
- I can do it. (나는 그것을 할 수 있다.)
- I cannot(can't) do it. (나는 그것을 할 수 없다.)

▶ cannot은 특이하게 붙여 씁니다.

- You should go to school. (너는 학교에 가야 한다.)
- You should not(shouldn't) go to school.
  (너는 학교에 가지 않아야 한다.)

## 4. 명사 부정

영어에서는 동사 뒤에 'not'을 붙이는 대신, 명사 앞에 'no'를 붙여 부정문을 만들기도 합니다.

- I don't have homework. = I have no homework.
  (나는 숙제가 없어.)
- People don't live there. = No one lives there.
  (그곳에는 아무도 살지 않는다.)

Part 2.
Grammar Script (영문법 훑어보기)

# V. 가정법

가정법은 "만일 ~라면" 하고 어떠한 상황을 가정해 보는 문장입니다. 영어에서 가정법은 그 문장의 의미에 따라 네 가지 정도로 분류할 수 있습니다.

**1. 가정법 현재(조건문)**
　: 충분히 일어날 수 있는 일에 대한 가정

> ▶ If 주어 + 현재형 동사 ~, 주어 + will/can/may/shall + 동사원형 ~.

- If you pass the exam, you will be happy.
  (네가 시험에 통과하면, 너는 행복해질 거야.)

## 2. 가정법 과거
: 불가능한 일에 대한 가정(현재 사실과 반대)

> ▶ If 주어 + 과거형 동사 ~,
>   주어 + would/could/might/should + 동사원형 ~.

- If I were a bird, I would fly to you.
  (만약 내가 새라면, 너에게 날아갈 텐데.)

의미는 현실적으로 불가능한 가정을 나타내는데 과거시제를 사용하기 때문에 헷갈리기 쉽지만, 과거의 일을 현재 바꿀 수 없는 것처럼 실현 불가능한 일을 표현하기 위해 과거시제를 사용한다고 이해하면 됩니다.

> ▶ 가정법 현재와 과거 비교
> : 실현 가능한지, 불가능한지를 보고 구분합니다. 같은 의미라도 무엇을 쓰느냐에 따라 뉘앙스의 차이를 만들 수 있습니다.
> - If you pass the exam, you will be happy.
>   (만약 네가 시험을 통과한다면 넌 행복해질 거야.) – 실현 가능
> - If you passed the exam, you would be happy.
>   (만약 네가 시험을 통과한다면 넌 행복해질 거야. 그런데 그건 불가능한 일이다.) – 실현 불가능

## 3. 가정법 과거완료

: 이미 지나가 버린 일에 대한 가정(과거 사실의 반대)

> ▶ If 주어+had p.p(과거완료) ~, 주어+ would/could/might/should+have p.p(현재완료)~.

- If I hadn't run so fast, I would have missed the bus.
  (만약 빨리 뛰지 않았다면, 나는 버스를 놓쳤을 것이다.)

과거보다 더 과거일 때 과거완료시제로 표현하듯, 현재보다 과거인 과거 사실의 반대를 표현할 때는 완료 시제를 사용합니다.

## 4. 가정법 미래

: 미래에 일어날 확률이 거의 없는 일에 대한 가정

> ▶ If 주어 + should / were to ~, 명령문 또는 주어 + 조동사 ~.

- If I should fail again, what shall I do?
  (내가 다시 실패한다면, 난 무엇을 해야 할까?)
  = Should I fail again, what shall I do?

- If you should get any problems, please don't hesitate to call us.
  = Should you get any problems, please don't hesitate to call us.
  (혹시 문제가 생기면, 망설이지 마시고 전화 주시기 바랍니다.)

> ▶ Should를 써서 가정법 미래를 만들 때는 If를 생략하고 주어와 should의 위치를 바꿔서 표현할 수도 있다.

- If I were to be young again, I would be a teacher.
  (내가 다시 젊어진다면, 나는 선생님이 될 거야.)

Part 2.
Grammar Script (영문법 훑어보기)

# Ⅵ. 형용사

동사가 문장에서 핵심적인 역할을 한다면 형용사는 문장의 의미를 풍부하게 만들어 주기 위해 수식하는 역할을 합니다. 형용사의 역할과 쓰임에 대해 자세히 알아봅시다.

## 1. 형용사

### 1) 명사를 수식하는 경우 (한정적 용법)

- I am a student. (나는 학생이다.)
- I am a [good/bad/brilliant] student.
  (나는 [좋은/나쁜/명석한] 학생입니다.)

뒤 문장에서처럼 'student'라는 명사 앞에 'good/bad/brilliant'라는 형용사가 붙어 'student'를 꾸미고 있습니다.

### 2) 주어나 목적어를 설명하는 경우 (서술적 용법)

- I am [good/bad/brilliant].
  (나는 [좋다/나쁘다/명석하다].)
  → be동사 뒤에서 주어를 설명

- My sister makes me angry.

  (언니는 나를 화나게 만든다.)

  → 목적어를 보충·설명

> ▶ 서술적 용법에서처럼 주어, 목적어로 쓰인 명사를 형용사가 보충·설명 한다면 보어로 쓰인 경우입니다.

## 2. 비교급과 최상급

형용사와 부사의 경우, 두 대상을 비교하거나 최고를 나타낼 수 있습니다. 이때, 규칙적 혹은 불규칙적으로 형용사의 형태가 바뀝니다.

### 1) 규칙적 변화
- I am tall. (나는 키가 크다.) → 원급
- I am taller than Tom. (나는 톰보다 키가 크다.) → -er: 비교급
- I am the tallest in this class.

  (나는 이 교실에서 가장 키가 크다.) → the -est: 최상급

## 2) 불규칙적 변화

| 원급 | 비교급 | 최상급 |
|---|---|---|
| good, well | better | best |
| bad, ill | worse | worst |
| little | less | least |
| many, much | more | most |

- I am better than you. (내가 너보다 나아.)
- Apples are more than grapes. (사과가 포도보다 많다.)
- I am the best. (내가 최고야.)

> ▶ 3음절 단어
> : 단어가 3음절 이상으로 긴 경우는 more, the most를 사용합니다.
>   beautiful – more beautiful – the most beautiful
> ▶ 단자음+단모음으로 끝나는 단어
> : 자음을 하나 더 넣습니다.
>   hot – hotter – the hottest
> ▶ -e로 끝나는 단어
> : -r만 붙입니다.
>   wide – wider – the widest
> ▶ 자음+y로 끝나는 단어
> : y를 i로 바꿉니다.
>   happy – happier – the happiest

## 3. 형용사 역할을 하는 것들

현재분사: A sleeping baby (자고 있는 아기)
과거분사: 50 percent of those surveyed (조사받은 사람들의 50%)
to부정사: I need something to eat. (나는 먹을 것이 필요하다.)
관계사절: I have a friend who lives in Seoul.
　　　　(나는 서울에 사는 친구가 있다.)

Part 2.
Grammar Script (영문법 훑어보기)

# Ⅶ. 분사 & 수동태

우리말에서 '먹다(동사)'가 '먹는(형용사)', '먹기(명사)' 등으로 바뀌는 것처럼 영어에서도 동사가 변형되어 다른 품사의 역할을 하는 '분사'가 있습니다.

## 1. 현재분사 (동사ing)

### 1) 형용사처럼 쓰이는 경우

- He saw the burning house.
  (그는 불타고 있는 집을 보았다.) → 명사 앞에서 명사를 수식
- My mom heard me singing a song.
  (우리 엄마는 내가 노래하는 소리를 들었다.)
  → 목적격 보어 역할: 목적어 뒤에서 목적어를 보충·설명해준다.

### 2) 부사처럼 쓰이는 경우

분사는 부사처럼 쓰여 문장 전체를 수식하는데 이를 분사구문이라고 합니다. 분사구문은 시간, 이유, 조건, 부대 상황 등의 의미를 가집니다.

- Walking along the street, I met my friend.
  (길을 걷다가, 내 친구를 만났다.)
  → 시간
- Needing milk, she went to the store.
  (우유가 필요해서 그녀는 가게에 갔다.)
  → 이유
- Eating a lot of fast food, you gain weight.
  (패스트푸드를 너무 많이 먹으면 살이 찐다.)
  → 조건
- Eating some snacks, I watched the movie.
  (나는 과자를 먹으면서 영화를 봤다.)
  → 부대 상황: 동시에 일어나는 일

## 2. 과거분사 (동사ed)

### 1) 명사를 수식하는 경우

- Jane found her lost dog.
  (제인은 그녀의 잃어버린 개를 찾았다.)
  → 명사 앞에서 수식
- The little girl named Jessica is my friend.
  (저 제시카라는 아이는 내 친구야.)
  → 명사 뒤에서 수식: 분사 뒤에 무언가를 동반할 때

### 2) 보어 역할을 하는 경우

- You look surprised. (너 놀란 것 같아.)

  → 주격 보어: 주어 'you'의 상태를 보충·설명

- Sam found something broken in his room.

  (Sam은 그의 방에서 뭔가 부서진 걸 발견했다.)

  → 목적격 보어: 목적어 'something'을 보충·설명

---

▶ **과거분사와 현재분사의 차이점**

현재분사는 능동의 의미이고 과거분사는 수동의 의미입니다. 수동은 행위를 당한다는 뜻인데 아래 수동태에서 자세히 살펴보겠습니다.

**또한, 분사구문이 수동의 의미를 가지면 현재분사 대신 과거분사를 씁니다.**

Arrested by police, the thief was sent to jail.
(경찰에게 붙잡힌 뒤, 그 도둑은 감옥으로 보내졌다.)

---

## 3. 수동태 (be+동사ed)

수동이란, 주어가 스스로 한 것이 아니라 수동적으로 강요됨을 나타냅니다. 앞에서 배운 과거분사가 이렇게 수동의 의미를 가지기 때문에 과거분사 앞에 be동사를 붙여 수동태 문장을 만들 수 있습니다. 그럼 주어가 행하는 주체가 되는 능동태를 주어가 대상이 되는 수동태로 바꿔 보겠습니다.

- She plays the piano. (그녀가 피아노를 연주한다.) – 능동태 문장

- The piano is played by her. (피아노가 그녀에 의해 연주된다.)
 – 수동태 문장

이렇게 동사가 'be+동사ed' 형태로 바뀌고 목적어는 주어가 됩니다. 또한, 주어는 by 뒤에 목적격으로 '~에 의해'라는 의미를 더해 줍니다.

> ▶ 수동태의 시제 변화
> 위의 수동태 예문에서 동사는 능동태 문장에서 동사였던 plays가 아니라 is라고 보기 때문에 시제를 바꿀 때 be동사에만 영향을 주게 됩니다.
> - 진행: is being played
> - 완료: had been played
> - 조동사: will be played
> - 부정사: to be played.

### 1) 4형식 문장의 수동태

: 목적어가 2개라 수동태도 2가지입니다.

- He gave her the present.

  (그는 그녀에게 선물을 주었다.)

  → She was given the present by him.

  (그녀는 그에게 선물을 받았다.)

  → The present was given (to) her by him.

  (선물은 그에 의해 그녀에게 주어졌다.)

## 2) 5형식 문장의 수동태

: 목적격 보어는 그대로 놔둡니다.

- John found his car repaired.

 (존은 그의 차가 고쳐져 있는 걸 발견했다.)

 → His car was found repaired (by John).

 (그의 차가 고쳐져 있는 게 발견되었다.)

▶ 문장 형식은 7단원 문장 구조 부분을 참조하세요.

## 3) 지각동사/사역동사의 수동태

: 수동형을 써 준 다음에 to를 붙입니다.

- I saw my friend get in the car.

 (나는 내 친구가 차에 타는 것을 목격했다.)

 → My friend was seen to get in the car by me.

 (내 친구는 나에게 차에 타는 것을 목격당했다.)

- My mom made me clean my room.

 (우리 엄마는 내가 내 방을 청소하게 만들었다.)

 → I was made to clean my room by my mom.

 (나는 엄마에 의해 내 방 청소를 하게 되었다.)

# VIII. 부사

형용사 외에도 수식하는 역할을 하는 품사로는 부사가 있습니다. 부사는 동사, 형용사, 다른 부사, 문장 전체를 수식하는 역할을 합니다.

## 1. 다른 품사를 수식

- He runs [fast/slowly].
  (그는 [빠르게/느리게] 달린다.)

  – 동사를 수식

- It is terribly cold today.
  (오늘은 지독하게 춥다.)

  – 형용사를 수식

- He is running unusually fast.
  (그는 평소와 달리 빠르게 뛰고 있다.)

  – 다른 부사를 수식

▶ 부사의 모양
보통 부사는 형용사 끝에 'ly'를 붙여 만듭니다.
real(진정한) → really(정말로)
happy(행복한) → happily(행복하게)
▶ 빈도부사
: 얼마나 자주 일어나는지를 나타냅니다.
always(항상), usually(보통),
often(종종), sometimes(때때로),
never(결코 ~않다)

## 2. 비교급&최상급

형용사와 같은 규칙으로 비교급 및 최상급을 만들 수 있습니다. 단, 최상급에서 명사가 없기 때문에 정관사 'the'는 쓰지 않습니다.

- Drive carefully. (조심스럽게 운전해라.)
- Drive more carefully. (더 조심스럽게 운전해라.)
- Drive most carefully. (최고로 조심스럽게 운전해라.)
- Run fast. (빨리 달려라.)
- Run faster. (더 빨리 달려라.)
- Run fastest. (최고로 빨리 달려라.)

## 3. 부사 역할을 하는 것들

- 분사 구문: Singing together, we walked along the street.
  (함께 노래 부르며, 우리는 길을 따라 걸었다.)

  　　　　　　　　　　　　　　　　　　　　－ 문장 전체를 수식

- 전치사구: I learned about trees in the class.
  (나는 수업 시간에 나무에 대해 배웠다.)

  　　　　　　　　　　　　　　　　　　　　－ 동사를 수식

- 관계부사: I don't know why he is sick.
  (그가 왜 아픈지 나는 모르겠다.)

  　　　　　　　　　　　　　　　　　　　　－ 동사를 수식

* 분사 구문은 앞에서 살펴보았고, 전치사구와 관계부사는 뒤에서 좀 더 자세히 다루도록 하겠습니다.

# Part 2.
# Grammar Script (영문법 훑어보기)

# VIII-1. 관계부사

## 1. 관계부사의 의미

관계부사는 두 문장을 한 문장으로 이어주는 접속사와 부사의 역할을 동시에 합니다.

- This is the house. (이것은 집이다.)
  + I was born there. (나는 거기서 태어났다.)
= This is the house, and I was born there.
  (이것은 집이고 나는 거기서 태어났다.)

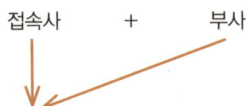

접속사 + 부사

= This is the house where I was born. (이것은 내가 태어난 집이다.)
　　　　　　　　관계부사

## 2. 관계부사의 종류

| 종류 | 선행사 | 관계부사 | 전치사+관계대명사 |
|---|---|---|---|
| 장소 | place | where | in/on/at which |
| 시간 | time | when | in/at which |
| 이유 | reason | why | for which |
| 방법 | way | how | in which |

1) where (장소)

- This is the place. (이곳이 그 장소이다.)

이곳이 어떤 곳인지 설명하고 싶을 때 'where'이라는 관계부사를 이용해 표현합니다.

- This is (the place) where I lived.

  (이곳은 내가 살았던 곳이다.)

2) when (시간)

- Do you know (the time) when he will arrive in Seoul?

  (그가 언제 서울에 도착할지 아니?)

3) why (이유)

- I don't know (the reason) why he is sick.

  (나는 그가 왜 아픈지 모르겠어.)

4) how (방법)

- This is (the way) how I cook fish.

  (이것이 내가 생선을 요리하는 방법이다.)

▶ How의 경우는 반드시 선행사나 how 중 하나를 생략해서 써야 합니다. 그 외의 장소, 시간, 이유는 선행사와 관계부사를 모두 써도 됩니다.

Part 2.
Grammar Script (영문법 훑어보기)

# IX. 전치사

전치사란 명사 앞에 위치하여 의미를 더해 주는 품사입니다. 우리말에는 '조사'라는 다른 품사가 있긴 하지만 조사와는 많이 다른 품사입니다.

## 1. in, on, at

### 1) in: ~ 안에
- I live in China. (나는 중국에서 산다.)
- The festival was held in 2009. (그 축제는 2009년에 열렸다.)
- I will be back in an hour. (1시간 안에 돌아올 것이다.)
- I am in love with you. (난 너와 사랑에 빠졌다.)
- She is in a coma. (그녀는 혼수상태에 있다.)

### 2) at: ~에
- I watched the movie at a theater in China.
(나는 중국에 있는 영화관에서 영화를 봤다.)
- Look at me. (나를 봐.)
- See you at 2 p.m. (2시에 보자.)

### 3) on: ~위에

- The book is on the desk. (책은 책상 위에 있다.)
- I sit on the chair. (나는 의자에 앉는다.)
    * I sit in the chair.

> ▶ 전치사 in을 쓰면 감싸 주는 의자에 앉아 있다는 뉘앙스가 강해집니다. 보통은 on을 사용합니다.

- The house is on fire. (집에 불이 났다.)
- On Monday (월요일에)

### 4) in과 on의 시간적, 공간적 개념

- At night on April 3 in 2010 (2010년 4월 3일 저녁)
- At a theater on Broadway in New York
  (뉴욕의 브로드웨이에 있는 극장)

## 2. to, for, of, from

### 1) to: ~에게, ~로

- I go to the library. (나는 도서관으로 간다.)
- I will give the present to you. (내가 너에게 선물을 줄게.)

2) for: ~를 위해, ~동안

- This is my present for you. (이건 널 위한 내 선물이야.)
- He went for his business. (그는 비즈니스를 위해 갔다.)
  * He went to New York. (그는 뉴욕으로 갔다.)

▶ for은 어떤 목적, 목표를 향하는 것이고, to는 정확한 목적지로 향할 때 쓰인다.

- I will await you for 10 minutes. (나는 너를 10분 동안 기다리겠다.)

▶ 전치사 in, on, at의 시간적 개념
**1. in**: 년, 계절, 월, 하루의 부분
in July (7월에)
in summer (여름에)
in the morning/in the afternoon/in the evening
(아침/점심/저녁에)
**2. on**: 특정한 날, 짧은 기간
on Tuesday (화요일에)
on the weekend (주말에)
on the 25th of December (12월 25일에)
**3. at**: 특정한 시점
at 2:30 (2시 30분에)
at night/at noon (밤/정오에)

3) of: ~의, ~에, ~로 만들어진, ~한
- An apple of the tree (그 나무의 사과)
- May of 2010 (2010년의 5월)
  * May in 2010

> ▶ 여기서 of를 사용하면 2010년에 5월이 소속되어 있다는 느낌이 강해집니다.

- I am afraid of water. (나는 물을 무서워한다.)
- The desk was made of wood. (책상은 나무로 만들어졌다.)
- It is not a matter of importance. (그것은 중요한 문제가 아니다.)

4) from: ~로부터, ~에서
- He died from drinking. (그는 술 때문에 죽었다.)
  * He died of cancer. (그는 암으로 사망했다.)

전치사 from은 그 죽음의 시발점이 된다는 의미이고, of는 죽음의 직접적인 원인이 된다는 의미입니다.

## 3. into, out of, through, around, about, off

### 1) into: ~속으로

- She went into the office. (사무실로 들어갔다.)
- I fell into a difficult situation. (나는 어려운 상황 속으로 빠졌다.)
- The prosecutor looked into the case. (검찰은 사건을 조사했다.)
  * 'look at'은 그냥 어떤 지점을 응시하는 것입니다.

### 2) out of: ~속에서 나와 밖으로

- She came out of the office. (그녀는 사무실에서 밖으로 나왔다.)
- Out of sight, out of mind. (눈에서 멀어지면 마음에서도 멀어진다.)
- You are out of mind (너는 정신이 나갔어.)

### 3) through: ~를 통해

- Look through a telescope. (망원경을 통해서 보다.)
- He escaped through the pipe. (그는 파이프를 통해서 탈출했다.)

### 4) around: ~주위에

- Countries around the world (세계 각국)
- Look around. (주변을 둘러보다.)

5) about: ~에 관해

- I am thinking about the matter.

  (나는 그 일에 관해 생각하고 있다.)

  * I am thinking of the matter.

> ▶ about은 문제에 대해 이것저것 생각한다는 의미이고 of는 그 문제 자체를 생각하고 있다는 의미입니다.

- I am about 70kg. / * I am around 70kg. (나는 약 70kg이다.)
  → 위 두 문장은 거의 차이가 없습니다.

6) off: ~로부터 떨어져

- An apple fell off the tree. (사과가 나무로부터 떨어졌다.)
- Fall off a ladder. (사다리에서 떨어지다.)

## 4. over, above, under, below

- Spread the cream over the cake. (케이크 위에 크림을 펴 바르세요.)
- The moon is above our head. (우리 머리 위에 달이 떠 있다.)
- above my expectation (내 기대 이상)
- under the sea (바다 밑)
- below average (평균 이하)

## 5. with, between, among

### 1) with: ~와 함께, ~와의

- I fell in love with her. (나는 그녀와 사랑에 빠졌다.)

### 2) between(둘 사이에), among(~ 사이에: 셋 이상)

- The relations between Korea and Japan (한일 관계)
- The relations among Asian nations (아시아 국가들 간의 관계)

# X. 명사

명사는 사람 또는 사물의 이름을 가리키는 말입니다. 영어에서는 수 개념이 있느냐 없느냐에 따라 명사를 구분해서 사용합니다.

## 1. 명사의 종류

**1) 가산명사: 셀 수 있는 명사**

① 보통명사: 사람, 사물을 가리키는 일반적인 명사

    ex) book, sky, cat, apple

---

He has a book. (o)
He has books. (o)
He has the book. (o)
He has book. (x)
▶ 'book'은 가산명사라 앞에 관사가 붙거나 복수형으로 써 줘야 합니다.

② 집합명사: 집단을 가리키는 명사

　　ex) family, team, people, police

가산명사는 셀 수 있기 때문에 단수(하나를 나타냄)나 복수(여러 개를 나타냄)로 표현해야 합니다. 단수는 단어 앞에 'a/an'을 붙이고, 복수는 단어 뒤에 '-s/-es'를 붙입니다.

**2) 불가산명사: 셀 수 없는 명사**

① 물질명사: 물질을 가리키는 명사

　　ex) air, water, gold, milk

② 추상명사: 개념, 상태, 동작을 가리키는 명사

　　ex) happiness, advice, information

③ 고유명사: 특정한 사람, 사물을 가리키는 명사

　　ex) Obama, Seoul, Korea

> ▶ 고유명사는 세상에 단 하나뿐이기 때문에 수 개념이 불필요합니다. 따라서 단수나 복수로 표현하지 않습니다.

**3) 가산 + 불가산명사**

명사 중에는 가산명사나 불가산명사 모두 가능한 명사도 있습니다.

ex) light(빛/전등), glass(유리/유리잔), iron(철/다리미)

* 수량 표현: 명사의 수가 많은지, 적은지를 나타내는 표현

① 가산명사: many(많은), a few(적은), each(각자), several(몇몇의), every(매~, 모든)

ex) many books(많은 책들), every weekend(주말마다)

▶ few와 little

| 구분 | 가산 | 불가산 |
|---|---|---|
| 약간의 | a few | a little |
| 거의 없는 | few | little |

② 불가산명사: much(많은), a little(적은)

ex) much wine(많은 와인), much money(많은 돈)

③ a lot of, lots of(많은), some(약간의), any(어떤), no(~가 없는, 아닌), all(모두)

→ 가산명사일 때도 불가산명사일 때도 상관없이 모두 사용 가능합니다.

## 2. 명사 역할을 하는 것들

### 1) 동명사(동사원형+ing: ~하는 것, ~하기)

동명사는 동사의 성격을 그대로 갖지만 문장 안에서 명사의 역할을 하는 것입니다.

- play - playing: Playing the piano is my hobby.
  (피아노 치기가 나의 취미이다.)
- Study - studying: I enjoy studying.
  (나는 공부하는 것을 즐긴다.)
- Learning a foreign language is fun.
  (외국어를 배우는 것은 재미있다.)
- Watching movies is fun. (영화를 보는 것은 재미있다.)
- The doctor recommended never drinking.
  (의사는 술을 절대 마시지 않기를 권유했다.)
  
  * 동명사의 부정은 앞에 not 또는 never를 사용합니다.

| 명사역할 | 동명사 | Playing the piano is my hobby. (피아노 치는 것은 나의 취미이다.) |
|---|---|---|
| 형용사역할 | 현재분사 | A sleeping baby (잠자는 아기) |
| 부사역할 | 분사구문 | Singing together, we went home. (함께 노래를 부르면서, 집으로 갔다.) |

▶ 분사와 동명사는 형태는 같지만 분사는 문장에서 형용사, 부사 역할을 하고 동명사는 명사 역할을 합니다.

## 2) to부정사(to동사원형)

to부정사도 동명사와 마찬가지로 문장 안에서 명사, 형용사, 부사처럼 쓰일 수 있습니다.

| 명사역할 | 명사적 용법 | I want to go shopping. (나는 쇼핑하러 가는 것을 원한다.) |
|---|---|---|
| 형용사역할 | 형용사적 용법 | They need something to eat. (그들은 먹을 무언가가 필요하다.) |
| 부사역할 | 부사적 용법 | Mom came to see me. (엄마는 나를 보러 오셨다.) |

\* to부정사의 부정은 to 앞에 not을 붙입니다.

I hope not to fail. (실패하지 않기를 바란다.)

### 3) 동명사 & to부정사

동명사와 to부정사의 명사적 용법은 해석이 '~하는 것'으로 매우 유사하지만 미묘한 차이가 있습니다. 동명사는 과거, 현재지향적이고 to부정사는 미래지향적입니다. 동명사와 to부정사를 취하는 몇 가지 동사를 통해 살펴보겠습니다.

① to부정사를 목적어로 취하는 동사 (want / refuse)

: 미래에 일어날 일을 원하고 거절하는 것이므로 미래지향적인 to 부정사를 목적어로 가집니다.

- I want to go to school. (나는 학교에 가고 싶다.)
- I refused to study. (나는 공부하는 것을 거부했다.)

② 동명사를 목적어로 취하는 동사 (give up / finish)
: 현재 하고 있는 일을 포기하고 끝내는 것이므로 과거, 현재 지향적인 동명사를 목적어로 가집니다.

- I gave up studying. (나는 공부하기를 포기했다.)
- I finished studying. (나는 공부하기를 끝냈다.)

③ 둘 다 목적어가 될 수 있지만 의미가 다른 경우

| 동사 | 동명사(과거, 현재) | to부정사(미래) |
|---|---|---|
| remember / forget | I remember seeing her. (그녀를 본 일을 기억한다.) I forgot setting the alarm. (알람 맞췄던 일을 잊어버렸다.) | I remember to see her. (그녀를 보기로 한 것을 기억한다.) I forgot to set the alarm. (알람 맞추는 것을 잊어버렸다.) |
| stop | Stop smoking. (담배 피지 마.) | Stop to smoke. (담배를 피기 위해 멈춰.) |
| regret | I regret giving you such a bad news. (너에게 안 좋은 소식을 전한 걸 후회해.) | I regret to give you such a bad news. (안 좋은 소식을 전하게 되어 유감이야.) |
| try | I tried helping him. (그를 시험 삼아 한번 도와줘 봤다.) | I tried to help him. (나는 그를 도와주려고 노력했다.) |

4) 관계대명사 (접속사 + 대명사)

▶ 대명사란? 명사를 대신하는 명사를 말한다.
the dog → it, John → he

① who(사람)

- I have a sister. She lives in New York.

  (나는 언니가 있다. 그녀는 뉴욕에 산다.)

- I have a sister, and she lives in New York.
  　　　　　　　　접속사 + 대명사

  (나는 언니가 있는데 그녀는 뉴욕에 산다.)

- I have a sister who lives in New York.
  　　　　　　　관계대명사

  (나는 뉴욕에 사는 언니가 있다.)

② which(사물)

- I have a book. It is interesting. (나는 책이 있다. 그것은 재미있다.)
- I have a book, and it is interesting.
  　　　　　　　접속사 + 대명사

  (나는 책이 있는데 그것은 재미있다.)

- I have a book which is interesting. (나는 재미있는 책이 있다.)
  　　　　　　　관계대명사

③ that(사람&사물): that은 사람과 사물을 구별하지 않고 어디에나 쓰일 수 있습니다.

> ▶ 관계대명사 **what**
> what은 who, which, that과 달리 선행사가 필요 없습니다.
> I like something(선행사) that makes me feel comfortable.
> = I like what makes me feel comfortable.
> 　(나는 나를 편안하게 만드는 것을 좋아한다.)

Part 2.
Grammar Script (영문법 훑어보기)

# XI. 관사

※ 명사의 단수와 복수

영어에서 명사의 수를 표현할 때, 관사가 중요한 역할을 합니다. 단수일 때는 명사 앞에 관사 'a/an'을 붙여 주고 복수일 때는 관사가 앞에 붙지 않고 단어 뒤에 '-s/-es'를 붙여 줍니다.

① Do you like an apple? (너는 사과 하나를 좋아하니?)

　　Do you like apples? (너는 사과를 좋아하니?)

　　이렇게 모든 사과를 통틀어 말하는 경우 복수형으로 표현합니다.

② the United States (미국)

　　미국은 여러 주들이 합쳐져 있기 때문에 'state(주)'의 복수형으로 표현되었고, 이것이 고유명사로 굳어져 쓰이고 있습니다.

③ pants, socks, shoes, boots, scissors, chopsticks

　　두 개가 한 짝을 이루고 있는 것은 복수형으로 표현합니다.

④ I work on Sundays. (나는 일요일마다 일한다.)

　　매주 반복되는 일요일을 말할 때도 복수형으로 표현합니다.

⑤ Three weeks is too long for me to wait for you.

　　(너를 기다리는 데 3주라는 시간은 나에게 너무 길다.)

　　3주는 복수형이지만 단수인 한 덩어리로 보기 때문에 단수형 be동사인 'is'를 씁니다.

> ▶ 불규칙 복수
> foot – feet
> tooth – teeth
> man – men
> child – children
> ▶ 복수형이지만 단수인 경우
> Mathematics(수학), News(뉴스, 소식), Politics(정치학)

## 1. 관사의 종류

### 1) 부정관사 (a/an: 여러 개 중에 정해지지 않은 하나)

① 대화에 처음 나오는 불특정한 것을 가리키는 경우
- I want a bed for my room. (내 방에 침대가 있었으면 좋겠다.)

② '하나'임을 강조하는 경우
- She didn't say a word. (그녀는 한마디도 하지 않았다.)

③ 횟수를 말할 때(a day/a week/a month/a year)
- I go swimming twice a week. (나는 일주일에 두 번 수영을 간다.)

④ '어떤, 하나의'를 의미할 때
- It is true in a sense. (어떤 의미에서 그것은 사실이다.)

⑤ 어떤 것을 하나의 집단(무리)으로 총칭할 때
- A dog is a loyal animal. (개는 충성심이 강한 동물이다.)

⑥ 자주 사용되어 굳어진 표현

- I'd like a coffee, please. (커피 한 잔 부탁해요.)
- Will you do me a favor? (내 부탁 하나 들어줄래?)

  → coffee와 favor은 셀 수 없는 명사이지만 'a'와 함께 굳어진 표현입니다.

## 2) 정관사 (the: 확실하게 정해진 것)

① 앞서 말한 명사를 다시 언급하는 경우

- John has a dog. (John은 개 한 마리를 갖고 있다.)
- The dog is very smart. (그 개는 매우 영리하다.)

② 상황이나 전후 관계상 특정한 명사일 때

- May I open the window? (창문을 열어도 될까요?)

③ 세상에서 하나일 수밖에 없는 것(자연)

the sky(하늘), the sun(태양), the universe(우주), the earth(지구)

④ 형용사의 최상급, 서수, only, same, last, next가 붙는 명사일 때

- He is the tallest in his class. (그는 그의 반에서 가장 키가 크다.)
- You are the only one who can help me.

  (네가 날 도울 수 있는 유일한 사람이야.)

⑤ 설명어구가 붙은 명사일 때

- This is the book I said to you.

  (이것이 내가 너에게 말했던 그 책이야.)

⑥ 단위를 수반하는 경우

• We sell this by the meter.

(우리는 이것을 미터당으로 판매하고 있다.)

⑦ the+형용사: ~하는 사람들

the young(젊은이들), the rich(부유한 사람들), the sick(아픈 이들), the old(노인들)

### 3) 그 밖의 예외들

① A mother loves me. → My mother loves me.

(엄마는 나를 사랑한다.)

→ 앞 문장보다는 뒤 문장이 더 자연스럽고 자주 사용됩니다.

② I have a headache, doctor.

(저 머리가 아파요, 의사 선생님.)

→ 의사를 '의사 선생님'이라고 부를 때는 고유명사인 이름처럼 단수나 복수로 취급하지 않고 그냥 'doctor'라고 씁니다.

③ go to school (공부하러 학교에 가다) / go to the school (학교 건물에 가다)

go to bed (자러 가다) / go to the bed(침대로 가다)

→ 우리말로는 유사한 의미이지만 위와 같은 미묘한 의미상 차이가 있습니다.

④ He plays soccer everyday. (그는 매일 축구를 한다.)

→ 운동 종목은 추상명사

She plays the piano. (그녀는 피아노를 연주한다.)

→ 악기는 앞에 정관사를 붙입니다.

⑤ Have you had lunch? (점심 먹었니?)

→ 여러 점심 중 특별한 점심일 때만 'a lunch'를 사용하고 보통 식사를 했냐고 물을 때는 관사 없이 씁니다.

# XII. 문장 구조

## 1. 한국어와 영어의 차이점

1) 한국어는 조사 중심의 언어입니다.

나는 너를 좋아한다. = 너를 나는 좋아한다. ≠ 나를 너는 좋아한다.

2) 영어는 자리 중심의 언어입니다.
- I like you. ≠ You like me.
- She plants some plants in her garden.

  (그녀는 정원에 식물 몇 개를 심었다.)

  위치에 따라 같은 단어지만 뜻이 달라집니다.

## 2. 품사 & 문장성분

1) 품사: 영어 단어를 문법적 기능별로 구분한 것

영어에서는 8가지 품사(명사, 대명사, 관사, 동사, 형용사, 부사, 접속사, 전치사)가 있습니다.

2) 문장성분: 문장의 구성 요소

주어, 동사, 목적어, 보어, 수식어가 있으며 수식어는 반드시 필요하진 않지만 의미를 더욱 구체적으로 만들어 주는 역할을 합니다.

## 3. 동사의 종류

1) 자동사: 목적어가 필요 없는 동사
- He sleeps. (그는 잠을 잔다.)

2) 타동사: 목적어가 반드시 필요한 동사
- He eats an apple. (그는 사과를 먹는다.)

3) 완전 동사: 보어가 필요 없는 동사
- His English improved. (그는 영어가 향상되었다.)

4) 불완전 동사: 보어가 필요한 동사
- He is a doctor. (그는 의사다.)

## 4. 구 & 절

1) 구(phrase): 두 개 이상의 단어가 결합해 하나의 품사처럼 쓰이는 것. 완전한 문장이 아님.

2) 절(clause): 주어, 동사를 포함한 완전한 문장이 하나의 품사 역할을 하는 것.
- 명사 : I do not know him. (나는 그를 모른다.)
- 명사구: I do not know the name of his brother.
  (나는 그 사람 형의 이름을 모른다.)
- 명사절: I do not know if he has a brother.
  (나는 그 사람에게 형이 있는지 모른다.)

## 5. 문장의 5형식

1) 1형식: 주어(S) + 완전자동사(V)
- Birds/sing. (새들이 노래한다.)
- Time/flies/like an arrow. (시간은 화살처럼 빠르다.)
  * 'like an arrow'는 수식어로 이 수식어구가 빠져도 의미상으로는 변화가 있지만 문법적으로는 문장이 성립합니다.

### 2) 2형식: 주어(S) + 불완전자동사(V) + 보어(C)

- He / is / a doctor. (그는 의사이다.)
- He / is / smart. (그는 똑똑하다.)

> ▶ **2형식 동사**
> 보통 2형식 문장에서 쓰이는 동사는 보통 be동사이지만 'look, sound, taste, smell, seem, become' 등의 일반동사도 있습니다. 2형식 동사 뒤에는 형용사나 명사가 와서 주어를 보충·설명하는 보어 역할을 합니다.
> It tastes good. (좋은 맛이 난다.)
> He became a doctor. (그는 의사가 되었다.)

### 3) 3형식: 주어(S) + 완전타동사(V) + 목적어(O)

- She / makes / cookies / in the kitchen.
  (그녀는 부엌에서 쿠키를 만든다.)
- I / have / a book.
  (나는 책을 가지고 있다.)

### 4) 4형식: 주어(S) + 수여동사(V) + 간접목적어(I.O) + 직접목적어(D.O)

- She / gave / me / a book.
  (그녀는 나에게 책을 주었다.)

5) 5형식: 주어(S) + 불완전타동사(V) + 목적어(O) + 목적보어(O.C)
- She / makes / me / happy.

   (그녀는 나를 행복하게 만든다.)

Part 2.
Grammar Script (영문법 훑어보기)

# XII-1. 구 & 절

단어가 2개 이상 모인 한 덩어리가 품사 역할을 할 때, 그 덩어리가 완전한 문장이 아니면 구, 완전한 문장이면 절이라고 합니다. 이와 같은 구와 절이 기본 문장 구조에 붙을 때 삽입구, 삽입절이라고 합니다.

### 1. 주어 앞 삽입구 & 삽입절
: 삽입구 & 삽입절 뒤에 콤마를 붙입니다.

**1) 부사, 부사구, 부사절**

- <u>Recently</u>, I have studied English.
  　부사
  (최근에, 나는 영어를 공부하고 있다.)

- <u>According to the report</u>, Korea's exports increased.
  　　　부사구
  (보도에 따르면 한국의 수출이 증가했다.)

- <u>Because of the exam</u>, I am unhappy.
  　　부사구
  (시험 때문에 나는 불행하다.)

- <u>When I was young</u>, I used to go swimming.
  　　부사절

  (어렸을 때, 나는 수영하러 가곤 했다.)

## 2) It & There

① 가주어 it: 주어가 길어지면 가주어 it을 사용합니다.

- That you save some money for the rainy days is important.

  → It is important that you save some money for the rainy days.

  (만일을 대비해 돈을 저축하는 것이 중요하다.)

▶ 주어 자리에 가주어 it을 써 주고, 진짜 주어인 that절은 맨 뒤로 빼 줍니다.

- It is necessary for you to save some money.

  (네가 돈을 저축하는 것이 필요하다. → 너는 돈을 저축할 필요가 있다.)

  * to부정사구가 주어가 될 경우, to부정사에도 동사가 있기 때문에 주어가 필요할 수 있습니다. 이때는 전치사 for로 to부정사의 주어를 표시해 줍니다. 위 문장에서 'save' 동사에 해당하는 주어는 'you'가 됩니다. 이를 의미상 주어라고 합니다.

② There is / There are: ~가 있다.

영어에서 '~가 있다'고 표현할 때, 'There is/There are'를 맨 앞에 놓고 그 뒤에 진짜 주어가 오게 됩니다.

- There are four people in my family.
  (우리 가족은 4명이다.)
- There is someone for everyone. (짚신도 짝이 있다.)

> ▶ be동사 뒤의 주어가 단수면 'is', 복수면 'are'을 써 줍니다.

## 2. 주어 뒤 삽입구 & 삽입절

### 1) 전치사구: 주어를 수식

The idea of making a new version is good.
(새로운 버전을 만든다는 그 생각은 좋다.)

### 2) 동격: 두 콤마 사이에 주어와 같은 것을 가리키는 말이 들어간 경우

- Trump, President of the united states, made an opening remark.
  (미국 대통령 트럼프가 개회사를 했다.)

### 3) 관계대명사절: 주어 뒤에서 주어를 수식

- The man who is wearing a black suit is my husband.
  (검정색 정장을 입고 있는 남자가 내 남편이다.)
- The information (that) you gave me yesterday is not correct.
  (네가 어제 준 정보는 맞지 않아.)
  * 관계대명사 that은 주어가 that절의 목적어인 경우(gave me the information) 생략하는 것이 일반적이다.

## 3. 목적어 뒤

### 1) 4형식: give, send, teach, tell, make, show, buy

- She / taught / me / English.
  (그녀는 나에게 영어를 가르쳐 주었다.)
- She / made / me / cookies.
  (그녀는 나에게 쿠키를 만들어 주었다.)

### 2) 5형식: call, find, think, believe, keep, elect, let, get, help, make

- She / calls / me / honey.
  (그녀는 나를 '자기'라고 부른다.)
- Keep / the food / warm. (음식을 따뜻하게 유지해라.)

- Please, / let / me / go. (제발 가게 해 주세요.)
- He / helped / me / study English.
  (그는 내가 영어 공부를 하도록 도와주었다.)
- I / got / my shirts / ironed / at the dry cleaner's.
  (나는 세탁소에 내 셔츠 다림질을 맡겼다.)
- She / made / him / a cook.
  (그녀는 그를 요리사로 만들어 주었다.)

> ▶ make
> 보통 make는 4형식 문형과 5형식 문형 모두에 쓰입니다. 의미상으로 차이가 있으니 유의하세요.
> She / made / me / cookies.
> (그녀는 나에게 쿠키를 만들어 주었다.)
> She / made / him / a cook.
> (그녀는 그를 요리사로 만들어 주었다.)

# XII-2. 문장부호

## 1. 콤마

### 1) 세 개 이상의 품사가 나열될 때

- I visited England, France and Germany.
  (나는 영국, 프랑스, 독일을 방문했다.)

### 2) 등위접속사(and, but, or, nor, for, so) 앞에

- Tom does not like studying math, but he likes studying literature.
- Tom does not like studying math but likes studying literature.
  (톰은 수학 공부는 좋아하지 않지만 문학 공부는 좋아한다.)

> ▶ 위 문장은 두 문장을 구분하기 위해 접속사 앞에 콤마가 쓰였지만 아래 문장은 두 문장이 아니라 한 문장에서 'does not like'와 'like'라는 동사가 연결되기 때문에 콤마를 사용하지 않습니다.

3) 삽입구나 삽입절이 문장 앞이나 가운데 위치할 때

- When I was young, I lived in Canada.

  (난 어렸을 때 캐나다에 살았다.)

- Tom, who is a friend of mine, will arrive in Seoul tomorrow.

  (내 친구 중 한 명인 톰이 내일 서울에 도착할 것이다.)

4) 날짜, 연도 & 도시, 주, 나라를 구분해 줄 때

- She moved to Seoul, Korea, on July 21, 2003.

  (그녀는 2003년 7월 21일에 한국의 서울로 이사를 왔다.)


## 2. 세미콜론

1) 밀접한 관계에 있는 두 문장을 접속사 없이 연결할 때

- The movie started late, and we had enough time to buy popcorn.

  = The movie started late; we had enough time to buy popcorn.

  = The movie started late; therefore, we had (enough) time to buy popcorn.

  (영화가 늦게 시작해서 우리는 팝콘을 살 시간이 충분했다.)

  * 세미콜론을 쓸 때 접속사는 함께 쓸 수 없지만 접속부사는 함께 쓸 수 있습니다.

however(그러나), therefore(그리하여), moreover(게다가), furthermore(더욱이)

### 2) 나열할 때 콤마로는 부족할 경우

- We visited Austin, Texas; Denver, Colorado; and Concord, New Hampshire.
  도시    주      도시      주      도시       주

  (우리는 텍사스 주의 오스틴, 콜로라도 주의 덴버, 뉴 햄프셔 주의 콘코드를 방문했다.)

## 3. 콜론

### 1) 명사 뒤에 나열하는 경우

- Students should bring three items: the text book, a notebook, and a pen.

  (학생들은 교과서, 공책, 펜, 이 세 가지를 꼭 가져와야 한다.)

- The thief stole the following: a television, a radio, and a camera.

  (그 도둑은 다음과 같은 것을 훔쳤다. 텔레비전, 라디오, 카메라.)

2) 앞의 명사와 동격인 경우
- The question is: how can we overcome the problem?
  (문제는 어떻게 그 어려움을 극복하느냐는 것이다.)
- One fact is clear: we can overcome it.
  (한 가지 사실은 분명하다. 우리는 그것을 극복할 수 있다.)

## 4. 대시

1) 구나 절이 삽입될 때, 혹은 문장 끝에 부차적인 설명이 이루어질 때
- I believed − even though there was no evidence − that he was alive.
  (어떤 증거도 없었지만, 나는 그가 살아 있다고 믿었다.)
- The economic crisis will affect young people − those who are looking for jobs.
  (경제 위기는 직업을 구하고 있는 젊은이들에게 영향을 미칠 것이다.)

2) 여러 단어를 조합할 때
- eco−friendly(친환경적인), 20−year−old(스무 살)

## 5. 아포스트로피

: 축약(Contractions)이나 소유를 나타내는 경우

- You are → You're, There are → There're,

  I would → I'd
- teacher's(선생님의, 선생님의 것), men's(남자들의, 남자들의 것)